İstanbul, 2014

Muazzez İlmiye Çığ
UYANIN ARTIK!

Kaynak Yayınları No: 709
Yayıncı Sertifika No: 14071
ISBN: 978-975-343-844-5

1. Basım: Mart 2014
2. Basım: Mart 2014

Genel Yayın Yönetmeni
Sadık Usta

Editör
Hadiye Yılmaz

Redaktör
Ali Eren

Sayfa Tasarım
Güler Kızılelma

Kapak Tasarım
Gürkan Birbinay

Baskı ve Cilt
Pasifik Ofset Ltd. Şti.
Cihangir Mah. Güvercin Cad. No: 3/1
Baha İş Merkezi A Blok Kat: 2 34310 Haramidere/İstanbul
Tel: 0212 412 17 77 Sertifika No: 12027

© Bu kitabın yayın hakları Analiz Bas. Yay. Tas. Gıda Ticaret ve Sanayi Ltd. Şti.nindir.
Eserin bütün hakları saklıdır. Yayınevinden yazılı izin alınmadan kısmen veya tamamen alıntı yapılamaz, hiçbir şekilde kopya edilemez, çoğaltılamaz ve yayımlanamaz.

ANALİZ BASIM YAYIN TASARIM GIDA TİCARET VE SANAYİ LTD. ŞTİ.
Galatasaray, Meşrutiyet Caddesi Kardeşler Han No: 6/3
Beyoğlu 34430 İstanbul
www.kaynakyayinlari.com • iletisim@kaynakyayinlari.com
Tel: 0212 252 21 56-99   Faks: 0212 249 28 92

MUAZZEZ İLMİYE ÇIĞ, 20 Haziran 1914'te Bursa'da doğdu. İlk tahsilinden sonra girdiği Bursa Kız Öğretmen Okulu'nu 1931'de bitirdi ve 4.5 yıl ilkokul öğretmeni olarak Eskişehir'de çalıştı. Atatürk'ün emriyle Ankara'da kurulan Dil ve Tarih-Coğrafya Fakültesi'nin Hititoloji Bölümü'ne, 15 Şubat 1936'da kaydoldu. Almanya'daki Nazi zulmünden kaçan ve Atatürk Türkiye'sine sığınan Prof. Dr. Hans Gustav Gülerbock'tan Hitit Dili ve Kültürü, Prof. Dr. Benno Landsberger'den Sumer ve Akad Dilleri ve Mezopotamya Kültürü üzerine dersler aldı. 1940 yılında, İstanbul Eski Şark Eserleri Müzesi Çiviyazılı Belgeler Arşivi'ne uzman olarak atandı. O zamana kadar tasnifi yapılmamış ve bilimsel çalışmalara açılamamış binlerce tablet üzerinde, Dr. F. Kraus ve yakın arkadaşı, değerli meslektaşı Hatice Kızılyay ile çalışarak, İstanbul Arkeoloji Müzesi'ni Paris "Louvre", Londra "British Museum", Berlin "Vorderasiatisches Museum" gibi bir Eski Ön-Asya dilleri araştırma merkezi haline getirdi. Arşivdeki tabletleri, bilim âlemine tanıtmaya başladı. Amerika'dan, Almanya'dan, Finlandiya'dan gelen uzmanlarla birlikte, her biri Sümeroloji literatüründe birer kilometre taşı olan yayınlar yaptı.

Katıldığı kongrelerde ve bilimsel toplantılarda verdiği bildirilerle, yayımladığı 20 kitap ve 100'ü aşkın bilimsel makalesiyle hep Türkiye'nin yüzünü ağarttı. İstanbul Arkeoloji Müzesi'nde bulunan Sümer, Akad, Hitit dillerinde yazılmış 74 bin çiviyazılı belge üzerinde 33 yıl çalıştıktan sonra 1972 yılında emekli oldu.

Muazzez İlmiye Çığ, bir Cumhuriyet kızı, aydın bir Türk kadını olmanın verdiği şevkle bugün de bilgisini topluma aktarmaya devam etmektedir.

Kaynak Yayınları'nca basılmış kitapları: *Zaman Tüneliyle Sumer'e Yolculuk* (1993), *Kur'an İncil ve Tevrat'ın Sumer'deki Kökeni* (1995), *Sumerli Ludingirra* (1996), *İbrahim Peygamber* (1997), *İnanna'nın Aşkı* (1998), *Gilgameş / Tarihte İlk Kral Kahraman* (2000), *Hititler Hattuşa / İştar'ın Kaleminden* (2000), *Ortadoğu Uygarlık Mirası-1* (2002), *Ortadoğu Uygarlık Mirası-2* (2003), *Sumer Hayvan Masalları* (2003), *Bereket Kültü ve Mabet Fahişeliği* (2005), *Vatandaşlık Tepkilerim* (2005), *Atatürk Düşünüyor* (2007), *Uygarlığın Kökeni Sumerliler-1* (2007), *Sumerlilerde Tufan, Tufan'da Türkler* (2008), *Atatürk ve Sumerliler* (2009), *Uygarlığın Kökeni Sumerliler-2* (2011), *Yandı İçim* (2012). Ayrıca, S. N. Kramer'in *Tarih Sumer'de Başlar* (Türk Tarih Kurumu Yayınları) adlı kitabını dilimize kazandırmıştır.

Muazzez İlmiye Çığ'a, İstanbul Üniversitesi Edebiyat Fakültesi Kurulu'nun 13 Nisan 2000 tarihli teklifiyle Üniversite Senatosu'nun 4 Mayıs 2000 tarihli oturumunda Fahri Doktora unvanı verilmiştir.

Muazzez İlmiye Çığ
UYANIN ARTIK!

İÇİNDEKİLER

ÖNSÖZ 13

Doksan Beş 15

MEKTUPLAR

Erdoğan'ın Timsah Gözyaşları	19
Ettiğinizi Bulacaksınız	21
Birikimlerimizi Satıp Satıp Yediniz	23
Her Şey Ortada	27
Yazıklar Olsun O Üniformanıza!	29
500. İstihkâm Ana Depo Komutanlığı Cevap Versin	31
Devrimleri Korumaktan Uzaklaştınız	33
Meydanlara Dökülen Kadınlarımız	37
Hepimiz Bir Gün Silivri'ye Gönderilebileceğiz	39
Türban Siyasal Simge Oldu	41
Daha Aktif Mücadele	43
CHP İlk Dönemdeki İdealini Kaybetti	45
Bu Vatan	47
Çocuklarımıza Bırakmak İstediğimiz Vatan mı?	47
Hapishanede Gölge Hükümet Kurmak	49
Aslanlı Yol	51
Önünüzdeki Tehlikeyi Görmüyorsunuz	53
Bir Çiviyazıları Bölümleri Enstitüsü Gerek	55
Arkeoloji Müzesi'nin Çiviyazılı Tablet Bölümü	59

Silivri Hapishanesindeki İnsanlarımızı Kurtaralım	61
Devrimlerimiz Elimizden Kayıyor	63
Eş Bakan! Asıl Garabet Sizsiniz...	65
İnanılmaz Bir Alçakgönüllülük	67
Müziğimiz Daha da Güçlenecektir	69
Laik ve Atatürkçü Partiler Birleşmeli	71
Türkçenin Korunmasının Önemi Üzerine	73
Çağırıyorum: Gelip Alnımı Karışlasın!	77
Nasıl Bir Vicdanınız Var?	81
Hiç Değişmemişim Hep Aynı Şeyleri İstiyorum	83
Akademili Olmayanlar da Bilimsel Çalışma Yapabilir	85
Sümerliler Hapishaneyi Anne Karnına Benzetirlermiş	87
Eğitime Cinsiyetçi Yaklaşım Üzerine	89
Türbandaki Yeni Hukuksuzluk	91
Türk Dünyasından Haberler	93
Sümer Atasözü Kazılı Broş	95
Gazi Mustafa Kemal Paşa'nın Hayatı Kitabı	97
Unutturulmakta Olan Atatürk Canlandı	99
Batılılar Türkleri Hep Barbar Tanıttılar	101
Sümeroloji Bölümünde Sümerce Okutulmuyor	103
Sümerce ile Türkçenin Benzerliği Üzerine	105
Atatürk'ün Bütün Eserleri	107
Ordusu Güçlü Olmayan Milletin, Düşman Sınırındadır	109
Ermenileri Kesmişiz!	113
Devrimimizin Çocuğu	117
Serhat Kestel'in Ardından	119
Güvenilen Sanatkâr	121
Hey Vurdumduymazlar!	123
Türkiye'nin Emeklileri ve Gençleri	125
Ülkemizin Bütün Gençleri!	129
Partiler TGB'ye Destek Olmalı	131
Bütün Anahtar Sizsiniz	133
Kalbim ve Düşüncelerim Sizinle	135
Haksızlık Yapanlar Karşılığını Görecekler	137

Tehlikeyi Görmüyorsunuz... Hadi Silivri'ye	139
Heykel Ödülü ve Mehmet Aksoy	143
Bay Obama	145
Cumhuriyet Gazetesine Bomba	149
Alternatif Nobel Ödülü	153
Antalya Kadın Zirvesi	155
Uyan Artık!	157
Oylarınızı Doğru Kullanın	159

ATATÜRK DEVRİMLERİ VE LAİKLİK

Laiklik ve Demokrasi	163
Partiler Atatürk ve Laiklikte Birleşmeli!	167
CHP'nin Türban Çözümü	169
Dindar Geçinenlerin Hepsi İkiyüzlü	173
Başını Açanlar	177
Atatürk'ten Nefret Edenler	179
Ilımlı İslam ve Laiklik	183
Kadınlara Yazılan Dizeler İçin	189
Türk Kadınına *New York Times*'tan Vurulan Tokat	193
Memleketi Ayağa Kaldıran Sakal-ı Şerif Hakkında	197
Çok Anlamlı Bir Miting	199
Yorum Farkı	203
Atatürk Yazı Devrimini Nasıl Yaptı?	205
Atatürk'e Özür	211
Laiklik ve Örtünme	215
Pandora Dergisi Başlarken Atatürk Devrimine Kısa Bir Bakış	219

TÜRK DİLİ VE KÜLTÜRÜ ÜZERİNE

Noel Bayramı Nasıl Başlamış?	225
Noel Bayramı Hakkında Profesörlere Yanıt	229
Türklerde Çam Bayramı	233
Sayın Prof. Dr. Övgün Ahmet Ercan'ın Kitabına	237
Bahçeşehir Koleji Öğrencilerinin Sümer Gazetesi	239

GÜNCEL MESELELER

Prof. Dr. Tarık Minkari İçin	245
Amiral Semih Çetin'in Kitabı	249
Türkiye Gençlik Birliği'nin Kampındaydım	251
Muhteşem Yüzyıl	255
Şarköy'e Gidiş	257
Habercek İnternet Gazetesi İçin Yazı	261
Çılgın İhtiyarlar	263
Yurtta Barış, Dünyada Barış	265
Ermeni Meselesi ve Özür Dileyenler	267
Bir Başbakan Nasıl Bu Kadar Hayâsız Olabilir?	271
Berksoy Ödülü	275
ODTÜ'ye Atılan İftira	277
IMF ile Düğün	279
Nükleer Enerji Santrali	281
Günaydın	283
DİZİN	285

SUNUŞ

Kaynak Yayınları, bu kitapla, Muazzez İlmiye Çığ Hocamızın yayınevimizden çıkmış 20. kitabını sunmanın onurunu taşıyor. Yayımlanan kitapların sayısına bakılırsa Muazzez İlmiye Hocamız, hayatının son 20 yılında neredeyse her yıl bir kitap yazmış. Ama biz biliyoruz ki, o bununla da kalmadı, yüzlerce makale ve mektup kaleme aldı, yüzlerce konferans verdi, toplantı ve imza günlerine katıldı, görüşlerini korkmadan, eğip bükmeden açıkladı ve bugün halkımızın onlarca yıl içinde bulunduğu cehalet döneminden kurtuluşuna katkıda bulundu. Tabii ki bunları yaparken hakkında yobazlar tarafından davalar da açıldı. Ama o, söz konusu davalardan alnının akıyla çıkmasını bildi.

Ciddi bir araştırma yapıldığında görülecektir ki, 100 yaşına geldiği halde bu kadar üretken, bu kadar aktif ve bu kadar toplumsal sorunlara duyarlı bir başka insan daha yoktur. İddia ediyoruz ki sadece ülkemizde değil, yeryüzünde de yoktur. En azından biz bulamadık. Bu üretkenliğiyle bize sadece "örnek yurttaş nasıl olunur"u öğretmiyor, aynı zamanda nasıl ölümsüz olunabileceğini de kanıtlıyor.

Muazzez Hocamız, hangi konuya el atarsa atsın mutlaka toplumda ses getirmiştir. O, sadece bilimsel ve aydınlatan kitaplar kaleme almadı, aynı zamanda en az profesyonel bir politikacı kadar da aktif oldu. O, yılmadan anlatmış ve aydınlatmıştır. Ürünleri ve etkisi de ortadadır. O, Kaynak Yayınları'nın en çok satan yazar listesinin en üst sırasında yer almaktadır. Dolayısıyla her kitabıyla hem okurlarını hem de aynı zamanda onun da olan Kaynak Yayınları'nı şereflendirmektedir.

İlk dönem kitaplarında daha çok doğrudan din ve aydınlanma konularına ağırlık veren Muazzez Hocamız, son yıllarda zamanının neredeyse tamamını Türk-Sümer kültürel bağının ortaya çıkarılmasını hasretmiştir.

Büyük devrimci Atatürk, Sümer-Türk bağının araştırılması için tarihçileri ve bilimadamlarını bu alandaki araştırmalara teşvik etmişti. Bu nedenle de Cumhuriyet döneminin önemli bankalarından birinin adını Sümer Bank koymuştu. Muazzez Hanım, Atatürk'ün bu çağrısını örnek bir yurttaş ve bilim insanı olarak önemsemiş ve hayatını da buna uygun düzenlemiştir.

Yeni kuşaklar Sümerleri, Muazzez Hanımın kitaplarından öğrendi. Gene aynı şekilde okurlar, Türkler ile Sümerlerin ortak kültürel bağlara sahip olduklarını esas olarak onun kitaplarından ve sohbetlerinden öğrendi. Muazzez Hanım sadece Sümerler ile Türklerin ortak kültürel bağlarını ortaya koymadı aynı zamanda Sümerlerin edebiyat ve kültür hazinesini halkın anlayacağı bir dile çevirerek yani bir bakıma bu bilgileri halkçılaştırarak milyonları aydınlattı.

Peki bu kitabında ne var? Muazzez Hanım, başta Başbakan Recep Tayyip Erdoğan olmak üzere onlarca politikacıya, bilimadamına ve gazeteciye "acaba yanıt verirler mi" kaygısı duymadan birbiri peşi sıra mektuplar yazmıştır. Bunların arasında kimler yok ki?

Recep Tayyip Erdoğan, Deniz Baykal, Necdet Özel, Kemal Kılıçdaroğlu, Doğu Perinçek, Devlet Bahçeli, Talat Halman, Ertuğrul Günay ve diğerleri...

Ayrıca o kitabında Atatürk devrimlerine, laiklik, kadın ve Türk-Sümer diline dair ilginç ve bir o kadar da aydınlatıcı saptamalarda bulunmaktadır.

Sadık Usta
Kaynak Yayınları Genel Yayın Yönetmeni

~ Doksan Beş* ~

Nedir kuzum bu doksan beş?
Yıl mı, ay mı, gün mü?
Bana kalırsa bu rakam
Saniyelik bir zaman.

Evet! Öyle gelip geçti yıllar.
Uğraşılar, sevgiler, mutluluklar,
Ölümler, acılar, mutsuzluklar
Hepsi de bir saniyede oldu.

Doksan beş, yaşlanmak mı demek?
Ben yaşlandım diyemem.
Bakmayın öyle yüzüme,
Yılların izi nedir, diye
Yaşlılık bence yüzde değil,
gönülde, gönülde

---

* 20.06.2010.

Gönlüm öyle coşkun ki:
Dünyayı adım, adım dolaşmak,
Uzaya tırmanmak,
Kitapları devretmek,
Her güzeli seyretmek,
Herkesi mutlu görmek,
Sevmek, sevilmek,
Her andan zevk almak istiyorum.

Ey dostlar! Gelin öyle yapalım,
Kızımın hediyesi şu anın,
Tadını çıkarmaya bakalım,
Hep birlikte birer kadeh atalım!

MEKTUPLAR

~ Erdoğan'ın Timsah Gözyaşları ~

*Yüzlerce fikir ve bilimadamı,
gazeteci yıllarca hapiste yatıyor,
bir kısmı bakımsızlıktan, üzüntüden hapishanede
ölüyor da Başbakan'ın kılı kıpırdamıyor.*

Başbakan Recep Tayyip Erdoğan,*

20.07.2010 günü AKP grup toplantısında Başbakan Recep Tayyip Erdoğan, 1980 12 Eylül dolayısıyla asılanlar ve hapis olup babasının cenazesine gidemeyenler için ağlamış! Bunu okuyunca doğrusu ben de çok çok hislendim. Ne kadar hassas kalpli bir Başbakanımız varmış meğer! 30 yıl önceki cezalara üzülüyor, insanlık dışı uygulamalar diyor. Ama o şunu düşünmüyor veya düşünüyor da kendisinin siyasi rantı için önemli olanı ele alıyor. 1970-80 yılları arasında her gün 20'ye yakın gencimizin sağcı, solcu, dinci ideolojilerle doldurulmuş militanlar tarafından öldürüldüğünü, yüzlerce gencimizin bu yüzden eğitimlerini bırakmak zorunda kaldıklarını, şehirlerin bölündüğünü, insanların gece sokağa çıkamadıklarını, hatta evlerde pencere kenarlarında, gelişigüzel

---

* 22.07.2010.

kurşunlanmaktan korkarak oturamadıklarını, bu yüzden askerlerin müdahale ettiklerini, bunun için halkın, askerlerin idareye el koyuşunu büyük bir coşkuyla karşıladığını unuttu herhalde. Yine de askerler sivil halktan bir meclis kurdu ve o anayasayı askerler değil, büyük çoğunluğu dinci geçinenlerden oluşan o sivil meclis yaptı. Bu olaylara sebep olanların cezaları da kurucu meclisten geçti. Bu arada kurunun yanında yaşların da yandığı kuşkusuz.

Ama bir de bugüne bakalım. Hiç suçlarının ne olduğu söylenemeyen yüzlerce fikir ve bilimadamı, gazeteci yıllarca hapiste yatıyor, bir kısmı bakımsızlıktan üzüntüden hapishanede ölüyor da Başbakan'ın kılı kıpırdamıyor. Hatta cezasının ne olduğu söylenmeden hapiste tutulup babasının cenazesine gönderilmeyen de var içlerinde. Ya her gün terörle şehit düşen askerlerimiz?... Acaba kendi oğulları olsaydı onların yerinde ne yapardı Başbakan? Niye onlar için ağlamıyor Başbakan? Hepsi palavra, tümüyle oy kapma. Haydi hayırlısı...

~ Ettiğinizi Bulacaksınız ~

Solcuları tavlayıp referanduma "Evet" dedirtmek amaç. Fakat yine yanıldınız, çünkü o günün solcuları kapitalist, hatta dinci oldu, yanınızda sayılırlar.

Başbakan Recep Tayyip Erdoğan,*

30 yıl önce pek çok gencin ölümüne, eğitimsiz kalmasına, ailelerin perişan olmasına neden olan suçlarından dolayı özellikle solcuların cezalandırıldıklarına gözyaşı dökeceğinize, yıllarca suçlarının ne olduğu söylenemediği halde hapiste bekletilen, orada ölmelerine, hastalanmalarına neden olunan, çok değerli insanlarımız için, her gün terör, vatan uğruna ölen gençlerimiz, onların yürekleri yanık aileleri için, o yufka yüreğiniz(!) biraz hareket etsin, kuru gözünüz ıslansın. Ama ilkinde solcuları tavlayıp referanduma "Evet" dedirtmek amaç. Fakat yine yanıldınız, çünkü o günün solcuları kapitalist, hatta dinci oldu, yanınızda sayılırlar. Çok akıllısınız Başbakan! Nereden ne çıkar geleceğini hemen hesaplıyorsunuz. Eğer yüce Allah'a inanıyorsanız "Yapan daima bulur" sözünü asla kafanızdan çıkarmamanız tavsiye olunur...

---

* Söz konusu yazının tarihi bilinmiyor.

~ Birikimlerimizi Satıp Satıp Yediniz ~

*Atatürk "Türk çalışkandır, zekidir" demiştir.
Siz ise başa geçer geçmez alınteri ve
büyük bir özveriyle yapılmış o güzel tesisleri
satıp satıp yediniz, yedirdiniz.*

Başbakan Recep Tayyip Erdoğan hazretlerine,*

İkide bir "Demir ağlarla kim örmüş, hep biz ördük" deyip duruyorsunuz, Atatürk zamanında yapılanları sıfıra indiriyorsunuz. Eğer biraz tarih bilseniz bunu söylemeye utanırdınız, yüzünüz kızarırdı. O günkü örülen demir ağlar yalnız tren yolları değildi. Güçlü eğitim, güçlü ekonomi, güçlü demokrasi, güçlü laiklik temelleri atılmasaydı, ne siz bu gün o mevkie gelebilirdiniz ne de gösteriş olarak başlarını örttürdüğünüz, yüzleri gözleri boyalı eşlerinizi gâvur ülkelerine götürüp gâvurların ellerini sıktırabilirdiniz. Özendiğiniz Müslüman ülkeleri arasında hangisi bizim ülke gibi? Kendi kıyafetinizi bile o demir ağlara borçlusunuz!

Hazinesinde borçtan başka bir şey olmayan Osmanlı Devleti yıkıntısı üzerine kurulan Türkiye Cumhuriyeti, toprağından bir

---
* 25.08.2012.

damlasını satmadan, kimselerden borç almadan, bir taraftan Osmanlı'nın, diğer taraftan yenilmediğimiz halde yenilmiş sayıldığımız Birinci Cihan Savaşı borçlarını öderken yapılan işler yanında sizinkiler çocuk oyuncağı kalır. Okuma yazma, hatta sabun kullanmayı bilmeyen, verem, sıtma, zührevi hastalıklar, trahom gibi bulaşıcı hastalıklardan kahrolan zavallı fakir bir halk... Devletin geliri bu halkın verdiği vergilerdi. İşte o vergilerle o alay ettiğiniz demir ağlar yapıldı, kısa zamanda elin parmakları sayımında doktorların özverileriyle hastalıkların önü alınmaya çalışılırken neler yapıldı neler!

Koskoca ülkede bir çimento fabrikası yoktu. O yüzden evler kerpiç denilen çamurla yapılıyordu. Şeker fabrikamız yoktu. Rusya'dan gelen şekerleri bugün gibi hatırlıyorum. Evet, şeker fabrikaları, çimento fabrikaları, kâğıt, silah, uçak fabrikası, kumaş fabrikaları kuruldu. Hem de ülkenin batısından doğusuna kadar dağıtıldı bu fabrikalar. Avrupa'dan bize, yenilemekte oldukları fabrikaların eskilerini ucuz fiyatla satmak istediler. Eskiyi almak yine geri kalmışlıktır diye alınmadı. Batı'da "Atatürk Fabrikaları" diye adlandırılan o fabrikalar tiyatro, spor, müzik salonlarıyla bir kültür merkezi, çalışanlara her türlü rahatı sağlayan bir sosyal kurumdu. Ama bu fabrikalarda çalışacak biraz olsun işten anlayan işçimiz, teknisyenimiz, mühendisimiz yok gibiydi. Bunlardan bir kısmı burada bizim insanımızı eğitmek için dışarıdan getirtildi bir kısmı da Rusya'ya eğitilmek üzere gönderildi. İnsanımız o kadar yetenekliydi ki, kısa zamanda gerekli olanları öğrendi ve işleri ele aldı. O yüzden Atatürk, "Türk çalışkandır, zekidir" demiştir. Siz ise başa geçer geçmez alınteri ve büyük bir özveriyle yapılmış o güzel tesisleri satıp satıp yediniz, yedirdiniz.

Ülkenin doğusu ve batısı düşman eliyle yanmış yıkılmıştı, bir taraftan onlar onarılıyor, hastaneler okullar yapılıyor, diğer taraftan Ankara bir başkent olacak şekilde yapılandırılıyordu.

Hemen hemen hiç kara yolu yoktu. Onun için Atatürk, Osmanlı devleti zamanında "Ne olurdu her vilayet senede bir kilometre yol yapsaydı, 500 yılda beşer yüz kilometreyle şehirler birbirine bağlanacaktı" demişti.

Olan demiryolları da yabancıların elindeydi. Yalnız o mu? Daha birçok kurum yabancılara aitti. Bütün onlar ellerinden alınarak ülkenin malı yapıldı. Onların üzerine 3.000 kilometrelik tren yolu yapıldı ki, o zaman şimdiki gibi dağları bir anda oyacak makineler yoktu. Tüneller kazmayla kazıldı. Elde onları planlayacak, hesaplayacak mühendisler yoktu. Hatta trenlerde çalışan makinist gibi memurlar bile hep Rum, Ermeni olduğundan bu konuda çalışacak insanımız da yoktu. Onun için böyle kimseleri yetiştirmek üzere okul açıldı. Tren rayları yapmak için fabrika kuruldu. Şimdi ki gibi ne gerekliyse dünyanın her yerinden getirilmedi. Kilometrelerce kara yolu, köprüler yapıldı.

Demir ağın bir ayağı olan "çağdaş eğitim" ne kadar önemliydi. Batı, araştırmalarda, icatlarda almış yürümüştü, ama bizde ne doğru dürüst ilkokul, lise ve ne de araştırmalar yapacak üniversite vardı. O yüzden Osmanlı Devleti geri kalmış ve yıkılmıştı. Okullar açılsa eğitecek kimse yoktu. O yoklukta birçok alanda eğitim almak üzere Batı'ya başarılı pek çok gencimiz gönderildi. Onlar daha yetişmeden Hitler'in Yahudi oldukları için işlerinden attığı çok değerli bilim insanlarının bize sığınmak istemeleriyle onlara açılan kapılarımız sonucu büyük bir eğitim atılımı başladı. İstanbul'da Darülfünun denilen okul tam bir üniversite oldu. Hukuk, Siyasal Bilgiler, Dil ve Tarih-Coğrafya Fakültesi gibi fakültelerle Ankara Üniversitesi'nin temeli atıldı. Gelenlere istedikleri kitaplıklar, laboratuvarlar sağlandı. Onların derslerini Türkçeye çevirecek çevirmenler bulundu. Bunların hepsi parayla oluyordu. O paralar, o fakir halkın vergileriyle sağlanıyor, kimseye para yedirilmiyor, rahmetli Başbakan İnönü "Kimseye bir kuruş yedirmem" diye bar bar bağırıyor, yedirmiyordu. Böylece güçlü bir eğitim temeli atıldı. O yüzden Başbakan hazretleri istediğiniz dalda uzmanları elinizin altında bulundurabiliyorsunuz. Bundan sonra İmam Hatiplerde yetiştireceğiniz dindar ve kindar o zavallı gençleriniz, Allah'a dua ederek, yalvararak size yardımcı olurlar. Böylece elinize aldığınız bu güzel ülkeyi kendinizle toprağa gömerek tarihe kara harflerle geçersiniz.

~ Her Şey Ortada ~

*Son senelerde vatanımızın bölünme tehlikelerini
ortaya çıkaran birçok olayın başında,
sizin mevkiinizdeki gibi birçok mesuliyetli mevkilerde
oturanların "hukuk", "askeri disiplin" veya
buna benzer bir sürü nedenle
mesuliyeti üzerlerine almayıp dedikodulara derhal
son vermeye çalışmamaları ve dolayısıyla
fısıltı gazetelerinin önünü açmaları sonucunu vermiştir.
Afyon'da gazetecilere verdiğiniz cevap "Her şey ortada"
maalesef şüpheleri ortadan kaldırmaya
faydalı olmaktan çok daha zararlı olmuştur.*

Genelkurmay Başkanı Necdet Özel'e,[*]
Sayın Genelkurmay Başkanımız,

Hepimiz iki gün önceki 25 şehit verdiğimiz olayla tekrar kahrolduk. Yüce Allah, bu şekilde anne, baba, eş ve ailelerine güç ihsan etsin.

Bizim yapabileceğimiz, bu olayın sebeplerini bulmak, kazayla mı yoksa sabotaj olarak mı yapıldığını tespit etmek ve bunlara göre önümüzdeki yıllarda tekrarlanmasını önlemek. Maalesef ikiye bölünmeye başlayan vatanımızın daha da parçalanmasının önüne geçmek için, kardeş kavgalarını bir an önce unutup el ele vermemiz çok önemli.

---
* 8 Eylül 2012.

Bunun için de sizin gibi milletin inanmak istediği mevkilerde oturanların en doğru bilgiyi vermesi, en çabuk bir şekilde bizleri ikna etmesi milletimizin parçalanmasının önüne geçecek en etkili yollardan biri olacak. Yoksa Afyon'daki askeri bölgede geceleyin 9.30'da meydana gelen ve 25 Türk askerini parçalayan korkunç patlama hakkında oralarda tesadüfen bulunan bir Orman Bakanının tahkik, tetkik yapmadan pat diye "Sabotaj yok kaza var" diye beyanat vermesi hiç olmazsa milletin yarısında sabotaj olma ihtimali düşüncelerini ortaya çıkarır. Çünkü sabotaj yok diyen adamın bir askeri bölgede geceleyin vukua gelen bir patlama hakkında söz söylemesi hele bunu tetkik ve tahkik yapmadan beyan etmesi normal şartlarda ne uzmanlığıyla bağdaşıyor ne vazifesi kapsamında ne de meşguliyetleriyle bağdaşıyor. Konuşmasının yegâne sebebi politik olmak. Nitekim bunun böyle olduğunu aynı saatlerde gelen Genelkurmay açıklaması "patlamanın henüz bilinmeyen bir nedenle" olduğunu ortaya çıkardı.

Son senelerde vatanımızın bölünme tehlikelerini ortaya çıkaran birçok olayın başında, sizin mevkiinizdeki gibi birçok mesuliyetli mevkilerde oturanların "hukuk", "askeri disiplin" veya buna benzer bir sürü nedenle mesuliyeti üzerlerine almayıp dedikodulara derhal son vermeye çalışmamaları ve dolayısıyla fısıltı gazetelerinin önünü açmaları sonucunu vermiştir. Afyon'da gazetecilere verdiğiniz cevap "Her şey ortada" maalesef şüpheleri ortadan kaldırmaya faydalı olmaktan çok daha zararlı olmuştur. Gazetecilere kızdığınız söyleniyor. Maalesef sizin gibi yüksek kararlar verecek olanların demokraside kızmak gibi bir lüksleri yoktur...

Yüzde 50 oyla bile hâlâ demokrasi ve özgürlüğü tadabilen milletimizin 95 seneden beri Sevr'i başımızda saatli bomba şeklinde tutan ve saatin ayarını da maalesef vatan hainlerinin eline veren yabancıların merhametine kalırız... Eğer siz de bu merhamete güvenmiyorsanız demokratik görevinizi yapınız. Saygılarımızla.

Saygılarla
Muazzez İlmiye Çığ
Turan M. İtil

~ Yazıklar Olsun O Üniformanıza! ~

*Beni en çok şaşırtan, üzen,
sizin buna gönlünüzün nasıl tahammül edip
o mevkide yüzünüz kızarmadan, hiç sesiniz
çıkmadan oturmanız. Siz Türk milletinin ordusunun
başısınız, AKP hükümetinin değil.
Arkadaşlarınızın, değerli kumandanlarınızın
terör örgütü üyesi olduğuna inanıyor musunuz?
Sesiniz çıkmadığına göre kabul ediyorsunuz demek.
Yazıklar olsun size, o üniformanıza!...*

Türkiye Cumhuriyeti Türk Orduları Genelkurmay Başkanı
Sayın Necdet Özel Paşa'ya,[*]

Ben 99 yaşında, en ince hücrelerine kadar Türk olan ve bizi ortaçağ karanlığından kurtarmak için başını koyan ve bizlerin bugünlere gelmemizi sağlayan aziz, sevgili Mustafa Kemal Atatürk'ün en sadık takipçisi bir kadınım. Yurdumuzun ve devrimlerimizin en büyük güvencesi de dünyada adı söylenen ordumuzdu. Devletin başına demokrasi bayrağı altında gelen bir hükümet bu muazzam orduyu dağdaki eşkıya teröristlerle bir tutarak bir bir

---

[*] 15 Şubat 2013.

hapislere atıp dağıtmaya başladı. Beni en çok şaşırtan ve üzen, buna gönlünüzün nasıl tahammül edip o mevkide yüzünüz kızarmadan hiç sesiniz çıkmadan oturmanız. Siz Türk milletinin ordusunun başısınız, AKP hükümetinin değil. Arkadaşlarınızın, değerli kumandanlarınızın terör örgütü üyesi olduğuna inanıyor musunuz? Sesinizin çıkmadığına göre kabul ediyorsunuz demek. Yazıklar olsun size, o üniformanıza!...

Hayatımın son günlerinde ülkem için, halkımız için içim yanıyor. Ülkemiz korkunç bir uçuruma doğru gidiyor. İçimiz, dışımız düşmanlarla sarılı, gemi batmakta. Bunları görmüyor, fark etmiyorsanız keyfinize bakın paşa hazretleri.

Not: 1- Bildiğime göre askerler, sivil büyükleri baş, bel eğerek değil, asker selamıyla selamlar.

2- Afyon'da patlayan cephanelikten namaz kılma bahanesiyle kurtulan askerin ifadesinin alınıp alınmadığı, alınmadı ise neden alınmadığı, alındı ise sonucu neden açıklanmadığı?

Muazzez İlmiye Çığ
Turan M. İtil

~ 500. İstihkâm Ana Depo Komutanlığı Cevap Versin ~

Afyon kent merkezine beş kilometre uzakta bulunan Kara Kuvvetleri Lojistik Komutanlığı 500. İstihkâm Ana Depo Komutanlığı şehit Uzman Çavuş Mete Saraç Kışlası'nda dört gündür yapılan mühimmat sayımının gece 9.15'lere kadar sürmesinin nedenleri 500. İstihkâm Ana Depo Komutanlığı tarafından cevaplandırılsın.

Kafaları karıştıran olaylar,[*]

1- Böyle mühimmatların sayımında, sayımın yapıldığı adada azami ve asgari asker sayısı nedir? Sayımlarda askerlerin değil de astsubay veya subayların bulunması mecburiyeti doğru mudur?
2- Sayımın yapıldığı adanın yüzölçümü ne kadardır? Ölen 25 askerin ölü bulundukları yerler bombaların patladığı yerlerden kaç metre uzaktadır?

---

[*] Afyon'da 7 Eylül 2012 tarihinde garnizonda cephaneliğin patlaması üzerine 25 asker şehit olmuştu. Söz konusu yazı bu olay üzerine kaleme alınmıştı. 10 Eylül 2012.

3- Mühimmat sayımını kontrol eden ve bizzat aynı odada veya 50 metreden yakın yerde bulunan subay veya astsubaylar mevcut muydu?
4- Mühimmat sayımı bu konudaki ordu veya NATO mevcut kurallarına göre yapılıyor muymuş veya kurallar harici ne tür eylemler yapılmış?
5- Mühimmat sayımında bulunan askerler içinde en yüksek rütbede olanlar kimlerdi? Bunlardan şehit olanlar var mıdır?
6- Şehit olan 25 askerin kumandanlarının rütbesi neydi? Bunların üstünde ve altındaki kumandanların rütbeleri nelerdir?
7- Bu kaza veya sabotajdan öğrenilenler nelerdir?
8- Emir ve komuta sırasının geleneksel olarak çok önemli olan Türk ordusu cephaneliğinde olan ve 25 askeri şehit eden bir olayın sebeplerini ilk olarak basına açıklayanların nasıl olup da,
   8.1 Bir Orman Bakanı olduğu: "Sabotaj yok kaza var."
   8.2 Arkasından Afyon Valisi: "Dördü asker 15 yaralı" diye açıklayabiliyor.
   8.3 Afyon Valisinin Necdet Özel'e olayı tebrik eder gibi hediyeler vermesi onun da bunları kabul etmesi büyük düşüncesizlik ve saygısızlıktır.
   8.4 Olayı yerinde tetkik eden yüksek rütbeli bir komutanın medyayla alay eder gibi "Her şey ortada" diye beyanat vermesi olayın ciddiyetiyle kıyaslanacak bir durum değildir ve derhal özür dilenmesi gerekir.

~ Devrimleri Korumaktan Uzaklaştınız ~

Bugüne kadar Atatürk'ün bu değerli mirasını yürüteceğinizi tahmin etmiş, arkanızdan koşmuştuk. Seneler geçtikçe eski CHP'nin devrimlerini korumaktan uzaklaştınız. Muhalefeti yalnız meclis içindeki konuşmalarınızla yaptınız. Etrafta ne oluyor, kimler ne söylüyor duymadınız, duymuyorsunuz, umursamıyorsunuz.

Sayın Deniz Baykal,
CHP Genel Başkanı ve Diğer Üyelerine, *

90 yaşında hakiki bir Cumhuriyet kadınının sesine lütfen kulak veriniz. Bu yalnız benim değil, benim gibi düşünen bütün arkadaşlarımın ve pek çok gencin sesidir. Atatürk ilkelerine bağlı bütün milletin son ümidi sizde. Bugüne kadar Atatürk'ün bu değerli mirasını yürüteceğinizi tahmin etmiş, arkanızdan koşmuştuk. Seneler geçtikçe eski CHP'nin devrimlerini korumaktan uzaklaştınız. Muhalefeti yalnız meclis içindeki konuşmalarınızla yaptınız. Etrafta ne oluyor, kimler ne söylüyor duymadınız, duymuyorsunuz, umursamıyorsunuz. Son seçimlerde aldığınız oyların en az yüzde sekseni sizi istemeyenler tarafından AKP kazan-

---

* 26.01.2005.

masın diye verildi. Etrafınızdaki dalkavukları yarıp halkın sözünü dinleyebilseniz, milletin sizden bıktığını öğrenirdiniz. Son belediye seçimlerinde en önemli şehirlerin adayları halk tarafından sevilmeyen, adları yolsuzluklara karışmış kimseler oldu. İstanbul'da kazandığınız başkanlıklarından da şikâyetler yükselmeye başladı. Eski tas eski hamam, aynı kafa aynı yöntem diyorlar. En yakınlarımdan duydum "Gelecek seçimde AKP'ye oy vereceğiz, onların elindeki belediyeler çok daha iyi iş yapıyor" diyenleri. Teşkilatınızda ne oluyor ne gidiyor diye kontrol yok. CHP erkânı halka yüksekten bakan bir zadegân sınıfı oldu. Atatürk, devrimlerini, halkın ayağına gidip, onlara yapacaklarını ve nedenlerini anlatarak başardı. Hiç onlara din yönünden bir şey söylemedi. Eğer halkımız ona inanmasaydı devrimler çoktan yok olurdu. Eğer onlar yok olmaya başladıysa halktan değil yalnız aydın olmayan, aydın görünen okumuş sınıfın yüzündendir. İçimiz yanıyor, kan ağlıyoruz. Atatürk'ün çağdaşlık atılımlarını koruyacağına inandığımız bu parti ne yazık ki yaşamayı her yapılana kavuk sallamakta buldu, diğer partiler gibi halka dinci görünmek sevdasına düştü. Partide önce demokrasi değil, saltanat hâkim. İkinci bir başkan adayına tahammül yok. O yüzden aday en ağır şekilde suçlanıyor. Mademki öyle bir kimseydi, neden partiden atılmadı? İrtica hareketlerine duygusuz kalındı. *Kur'an* kurslarının, İmam Hatip okullarının pıtrak gibi çoğalmasına, oralarda kız çocuklarının başlarının örttürülmesine, laikliğe aykırı yapılan eğitime, liselerde fakir ve çalışkan kızlara nasıl parayla başları örttürüldüğüne aldırış edilmedi. "Laik devletin kurumlarına din kıyafetiyle girilemez" denilemedi. Sokaklar sarıklı, poturlu adamlar, çarşaflı kadınlarla doldu. Bu memleketin bir kıyafet kanunu vardı. Bana kalırsa ne sokak manzaralarından ne de kıyafet kanunundan haberiniz var. Böyle giderse beş, altı yıl sonra sokaklar Cumhuriyet'ten öncekine dönecek. Laik bir Cumhuriyet hükümetinin Başbakan karısı, ne olduğu bilinmeyen bir kıyafetle bizleri temsil etmeye kalkıyor. CHP sesini çıkarmıyor, olacak gibi değil.

Onu askerler değil, sizin partiniz ele almalıydı. Onlara destek bile olamadınız. Neden? Çünkü dinci kesim darılmasın diye. Sanki onlardan oy alıyormuşsunuz gibi... Şimdi yine, babanızdan miras kalmışçasına o koltuğa kimseyi yanaştırmak istemiyorsunuz... Ne olursa memlekete oluyor. Bir başkan adayı sosyal adaletten söz ediyor. Sosyal adalet için devletin zengin olması gerek. Memleketin nasıl zenginleştirileceği, bu kadar boş işgücünün nasıl çalıştırılacağı, karşılığı olmayan borçlardan nasıl kurtulabilineceği anlatılmıyor. İlk reformcu CHP'nin yerinde şimdi devrim yasalarını unutup sadece yerinde konuşan bir CHP var. Bunda başkanla beraber bütün etrafındakiler suçlu. Ne yazık ki Osmanlı'nın dalkavukluğu hep sürüyor. İnsanlarımız düşünmeden koyun gibi birinin arkasına takılıyor, o ne yaparsa eyvallah!

Uzun lafın kısası kurultaya kadar gelen işi, partiyi Atatürk ilkelerine göre huzurlu, kavgasız, dalkavuksuz idare edebilecek bir başkan ve etrafındakilere devrediniz. Sayın Baykal siz bugüne kadar iyi kötü görevinizi yaptınız. Müteşekkiriz size. Şimdi de kendi isteğinizle, küsmeden bırakırsanız o koltuğu, o zaman değeriniz daha çok artacaktır. Sizler akıllısınız kuşkusuz. Ben bir kadınım, hem bilimle uğraştım hem de memleket işleriyle sürekli olarak ilgilendim. Atatürk devrinin içinde yoğruldum, üç savaşı yaşadım. Vatan ve milletin, devrimlerin, özgürlüğün ne kadar değerli olduğunu bütün hücrelerime sindirdim. Şimdi bunların yok olmakta olduğunu görmek beni son derece üzüyor. Ömrümün şu son günlerinde bu mektubu bir vatandaşlık görevi olarak yazmaya karar verdim... Ya bunak bir kadının feryadı diye bir tarafa atarsınız veya koca bir devri kafası ve gönlüyle yaşamış, ülkesini, milletini seven bir Cumhuriyet kadınının yanan kalbinin sesi diye ona kulak verir, değerlendirirsiniz.

Kurultayın ülkemiz yararına olması dileğiyle.
Saygılarımla.

~ Meydanlara Dökülen Kadınlarımız ~

Ben, Kurtuluş Savaşı'nın zorluklarını,
Cumhuriyet'in coşkusunu yaşamış,
sonra da yanlış ellerde, gittikçe erozyona uğrayan
ülkemizin durumuna derinden üzülen biri olarak artık
halkımızın, büyük Atatürk'ün bize bıraktığı bu mirası
sizin vasıtanızla korumasını ve
size dört elle sarılmasını istiyorum.

Sayın Deniz Baykal,
CHP Genel Başkanı,*

Ben, Kurtuluş Savaşı'nın zorluklarını, Cumhuriyet'in coşkusunu yaşamış, sonra da yanlış ellerde, gittikçe erozyona uğrayan ülkemizin durumuna derinden üzülen biri olarak artık halkımızın, büyük Atatürk'ün bize bıraktığı bu mirası sizin vasıtanızla korumasını ve size dört elle sarılmasını istiyorum.

Meydanlara dökülen kadınlarımız, bu konudaki hassasiyetlerini defalarca gösterdiler. Böyle bir kadınımız, sayın Begüm Yavuz, senelerdir CHP cephesinde yılmadan, usanmadan çalışmış ve şimdi de İstanbul'un Kadıköy ilçesinden, CHP milletvekili adayı olmuştur. Kendisini şevkle ve umutla büyük bir kitle olarak destekliyoruz. Umarım, bu konuda görüşlerimiz ve fikirlerimiz

---
* 31.05.2007.

bağdaşmaktadır ve Begüm Hanım sizin de milletvekili seçiminiz olacaktır. Artık, ülkemizin başına, yanlış kişilerin gelmesine tahammülümüz kalmamıştır. Bu çok çok önemli seçimde başarılı olmanızı bütün kalbimle, kalplerimizle temenni ediyoruz. En içten sevgi, selam ve saygılarımla...

~ Hepimiz Bir Gün Silivri'ye Gönderilebileceğiz ~

Başınıza gelen veya getirilen
tatsız olay dolayısıyla geçmiş olsun.
Anlaşılan, Türkiye'de yeni bir statüko
tesis edilene kadar hiçbirimizin ÖZEL HAYATI
artık olamayacak, olmasına imkân yok.

Sayın Baykal,*

Başınıza gelen veya getirilen tatsız olay dolayısıyla geçmiş olsun. Anlaşılan, Türkiye'de yeni bir statüko tesis edilene kadar hiçbirimizin ÖZEL HAYATI artık olamayacak, olmasına imkân yok. Tabii daha da acıklısı, güveneceğimiz bir hukuki düzen de kalmıyor, hele hele 12 Eylül 2010 referandumu halk tarafından kabul edilirse. Yani her birimiz herhangi bir gün Silivri'ye gönderilebileceğiz.

Müstafi sayın parti başkanı! Sizin şahsınıza yapılan bu terbiyesiz gayrimedeni komplo tam anlamıyla geri tepti. Siz istifa ederken bile Türk siyasetine büyük bir iyilik yaptınız.

---

* 20.05.2010.

Son senelerde kaybolan Atatürk resimleri ve ilkeleri, Türk ordusunun hırpalanmaya çalışılan şan ve şerefi ve bütün bunların üzerine yüzlerce yıl Türk korkusuyla kâbus gören Avrupa devletlerinin Türkiye'yi Sevr boyunduruğuna, kendi içimizdekilerin de gayretiyle sokma teşebbüslerini karşılamak ve yenmek üzere gereken devrim için Türkiye'mizde yeni bir harekete, bir momentuma, bir rüzgâra ihtiyaç vardı. Bu rüzgâr, ancak Atatürk partisinden, Atatürk'ün ilkelerini bilenlerden, "Ne mutlu Türk'üm" diyebilmenin gururunu taşıyanlardan gelebilirdi. Size yapılanlara üzülmeyin. Bilakis günün birinde Türk milleti önümüzdeki korkunç günleri referandum ve seçimle başarılı bir şekilde atlattığında terbiyesizleri af bile edebilir. Verdiğiniz karar tarihi bir karardır. Kararınız ve gerekli desteği vermeye devam etmeniz devrim rüzgârlarının son senelerde umudunu yitiren Türk gencinde ve hatta bizim gibi çılgın ihtiyarların kalbinde devrim ateşine dönmesini sağlayıp başarıya ulaştıracaktır. Siz ise bıraktığınız parti başkanlığının, yeni devrimin manevi lideri olmak yanında ne kadar önemsiz olduğunu anlayacaksınız ve sizi yüreği iki para etmeyen kıskançların ağız kokusundan ve adi politikacıların şerrinden kurtardığı için Allah'a dua edeceksiniz.

Saygılarla.

~ Türban Siyasal Simge Oldu ~

Ne yazık ki başkanın değişmesinin,
bu tür yüz kızartıcı bir komployla değil,
demokratik bir el değiştirmeyle olması beklenirdi.
Bu da demokratik kurallara göre ayrılma vaktinin
geldiğini anlayamayanlara,
tarihsel bir ders olacaktır.

Sayın Kemal Kılıçdaroğlu,
Cumhuriyet Halk Partisi Başkanı,*

Pek sayın Başkanımız,
    Yıllardan beri beklenen değişikliğe nihayet sizinle kavuştu partimiz. Sizi candan kutlar, bu ağır görevi büyük bir başarıyla yürüteceğinize sonsuz inancımız olduğunu bildiririm. Konuşmalarınıza, değindiğiniz konulardaki tutarlılığa hayranız.
    Ne yazık ki, başkanın değişmesinin, bu tür yüz kızartıcı bir komployla değil, demokratik bir el değiştirmeyle olması beklenirdi. Bu da demokratik kurallara göre ayrılma vaktinin geldiğini anlayamayanlara, tarihsel bir ders olacaktır.

---

* 09.06.2010.

Size türban meselesi soruldu, çok güzel yanıtladınız. Laik devletin kurumlarında kadın din kıyafetiyle okuyamaz, çalışamaz, başka yerdekine de karışılmaz. Ama bunu tam bir siyasal görüntü haline getirdiler ve para vererek çarşaf da giydiriyorlar kadınlara. Tevhid-i Tedrisat ve kıyafet kanunlarımız rafa kaldırıldı. CHP'lilerin arasında laikliğin dinsizlik olduğunu söyleyenleri duydum. Siz bunun da dinsizlik olmadığını çok mükemmel açıkladınız, var olun sağ olun!

Çok kıt olan vaktiniz arasında yazımı okuduğunuz için binlerce teşekkür.

En içten saygı, selam ve sevgilerimle.

~ Daha Aktif Mücadele ~

*Siz ve CHP çekingensiniz.
Adınızın her gün, etkili sözlerinizle
yahut iyi olaylarla halkın hafızasına girmesi,
bir yıl sonraki seçim için
garantili olabilir diyoruz.*

Sayın Kemal Kılıçdaroğlu,
CHP Genel Başkanı,*

Pek Sayın Kemal Kılıçdaroğlu,

CHP'nin Başkanı olduğunuza (daha önce de yazdığım gibi) çok sevinmiş ve mutlu olmuştuk. Arkasından bütün Türkiye'yi saran umut rüzgârınız ve parti organizasyonlarınız hepimizi son derece etkiledi, Atatürk düşmanlarını da korkuttu kuşkusuz.

Birkaç haftadır ülkemizi dolaşıyor, çeşitli şehirlerde konuşmalar yapıyorsunuz. Fakat uzun yıllar Amerika'da yaşayan ve Amerikan seçim öncesi hayatını yakından tanıyan kardeşim Prof. Dr. Turan İtil'in müşahedesine göre, son dört hafta içinde gazete ve televizyonlarda çok az göründünüz. Halbuki başlattığınız bu

---

* 22.06.2010.

umut rüzgârını halkımıza devamlı olarak hissettirebilmeniz, yüreklerini heyecanla attırmanız ve başlattığınız bu "momentum"u seçimlere kadar devam ettirebilmeniz ve başarıya ulaşmanız için her gün TV ve gazetelerde görünmeniz gerekli. En azından yardımcılarınızdan veya arkadaşlarınızdan bazılarının bu görevi üstlenmeleri sağlanmalı diye düşünüyoruz. Gazete ve televizyonlardaki boşluğun nedeni, ya şahsınıza karşı bir komplo veya siz ve CHP çekingensiniz. Adınızın her gün, etkili sözlerinizle yahut iyi olaylarla halkın hafızasına girmesi, bir yıl sonraki seçim için garantili olabilir diyoruz.

Bu sözlerimin, bir akıl verme gibi algılanmaması, yakın bir dostun önerisi olarak kabul edilmesi dileğiyle en içten saygı ve selamlarımı sunarım.

~ CHP İlk Dönemdeki İdealini Kaybetti ~

CHP'nin solunda veya sağında olan siyasi partiler, çeşitli eğilimlerdeki farklı kitle ve meslek örgütleri her gün ortak açıklamalar ve güç birlikleri yapıyorlar. CHP bunlara, vatansever partilere ve toplumun değer verdiği kimselere ve milletimize çağrı yaparak kendinden bekleneni göstermelidir.

Sayın Kemal Kılıçdaroğlu,
CHP Genel Başkanı,*

Sayın Genel Başkan,

Ben 97 yaşında, üç savaşı yaşamış, Cumhuriyet devrimini tam olarak hazmetmiş demokratik bir ülke vatandaşı olarak bu mektubu yazmak zorunda gördüm kendimi. Kuşkusuz oldum olası CHP'de kalbim. Ama ne yazık ki, bu zamana kadar CHP ilk kurulduğu zamanki idealini kaybetti. Zaman geldi, hiç akıl almayacak şekilde oy almak bahanesiyle, tam karşı olması gerekli partinin bazı sözlerini kullanmaya kalktı, bütün kuruluşları laçka oldu. Siz bu durumdaki bir partiyi alıp kısa zamanda rayına oturtmaya çalışıyorsunuz. Ve bununla seçimi kazanacağınızı söylüyorsunuz.

* 18.03.2011.

Dua ediyoruz ama duayla olacak gibi değil. Kaybettiğiniz takdirde ülkeyi ve halkımızı büyük bir karanlığa atacağınızı, kanlı bir iç-savaşa sürükleyebileceğinizi düşünüyor musunuz? Ben ve benim gibi olanlar düşünüyor.

Bütün gayretinize ve iyi niyetinize rağmen hiçbirimiz kazanacağınızı düşünmüyoruz. Bu yüzden ricamız, isteğimiz ülkemizi bu korkunç uçuruma düşürmemek için, küçük hesapları bir tarafa bırakarak sizinle birleşmek isteyen partilerle birleşerek bir güç birliği oluşturmanız. Halkımıza önümüzdeki tehlikeyi açıkça anlatmanız çok iyi olur düşüncesindeyiz.

CHP'nin solunda veya sağında olan siyasi partiler, çeşitli eğilimlerdeki farklı kitle ve meslek örgütleri her gün ortak açıklamalar ve güç birlikleri yapıyorlar. CHP bunlara, vatansever partilere ve toplumun değer verdiği kimselere ve milletimize çağrı yaparak kendinden beklenini göstermelidir.

Atatürk'ün Sivas'ta söylediği gibi "Ülkemizin bütünlüğü ve bağımsızlığı tehlikededir". Bugün bunu kurtaracak, CHP'nin güç birliği yapması olacaktır.

Mektubumu size okutacakları, sizin de etrafınızdaki arı vızıltıları arasında gün görmüş bir vatandaşın önerilerine de kulak vereceğiniz umuduyla en derin saygılarımı sunarım.

~ Bu Vatan Çocuklarımıza Bırakmak İstediğimiz Vatan mı? ~

*Sizler ve sizin gibi aydınlar neredeyse
50 senedir ellerindeki bütün imkânlarıyla
ve senelerce hapiste kalma cezasını çekerek,
yani bir insan için, hele entelektüel bir insan için
hayatın verebileceği en büyük ıstırapları çekerek
kendisine ve çocuklarımıza bırakmak istediğiniz
yaşam tarzı için mücadele ettiniz ve ediyorsunuz.
Bugünkü ve yarın ki şartları objektif olarak
müşahede ederseniz, bugünkü ortam
50 sene öncesine göre
çocuklarımıza bırakmak istediğiniz bir vatan mı?*

İşçi Partisi Genel Başkanı Doğu Perinçek'e[*]

Muhterem Doğu Perinçek Bey,

"Komşularla Barış" yazınızı okudum. Her zaman olduğu gibi gayet kuvvetli ifadelerle yazılmış, hakikatlere dayanan ve sonu-

---

[*] 16.05.2013.

cun Türk milleti için faydalı olduğu muhakkak olan bir yazı. Size bundan önce yazdığım mektuplarda da söylediğim gibi hadiseleri analiz etmenize ve sonuçları tahmin kuvvetinize cidden hayranım. Bu tahminler neredeyse istatistik olarak ilmi. Bundan dolayı da bir mektubumda "Acaba yabancı güçlere aklı siz mi veriyorsunuz aman panzehirini söylemeyin ki bizler başarılı olabilelim" diye yazmıştım. Bugünkü makalenizin sonucuna (Milli Hükümet ve Milli Güç Birliği) aynen katılıyorum.

Bu fırsatı bulup size şimdiye kadar soramadığım bir soruyu sorayım: Sizler ve sizin gibi aydınlar nerdeyse 50 senedir ellerindeki bütün imkânlarıyla ve senelerce hapiste kalma cezasını çekerek, yani bir insan için, hele entelektüel bir insan için, hayatın verebileceği en büyük ıstırapları çekerek kendisine ve çocuklarımıza bırakmak istediğiniz yaşam tarzı için mücadele ettiniz ve ediyorsunuz. Bugünkü ve yarınki şartları objektif olarak müşahede ederseniz, bugünkü ortam 50 sene öncesine göre çocuklarımıza bırakmak istediğiniz bir vatan mı? Geleceğin umutlarını bir tarafa bırakıp cevabınız "Evet" ise bundan sonrayı okumayın.

Hayır ise soru: Sizin gibi ailesini oğlunu, hayatını feda etmeye gözü kapalı giden mücadelecilerin bütün uğraşmalarına rağmen Türk vatanının bugünkü hale gelmesinin sebepleri nedir? Ben inanıyorum ki siz bu soruyu yüzlerce defa kendinize sordunuz. Taşeronların haricindeki sebeplerinizi, sevgili Atatürk'ümüzün "Vatanda sulh dünyada sulh" hedefinden bugüne gelmenin müsebbiplerini ve onların ruhi haletlerini izah eden bir makaleniz veya kitabınız varsa tavsiyelerinizi saygılarımla rica ederim.

Muazzez İlmiye Çığ
Turan M. İtil

~ Hapishanede Gölge Hükümet Kurmak ~

*Doğu Bey, tutuklu 400 subay, gazeteci
ve akademisyeni de içine alacak
gölge bir kabine kursanız, belediyelere adaylar gösterseniz
bir taşla üç kuş vurmuş olursunuz.*

Sayın Doğu Perinçek,*
Gönderdiğiniz uzun ve çok içten mektubunuza gerek ablam ve gerekse ben çok teşekkür ederiz. Bu kadar probleminiz arasında bize de zaman verebilmeniz hakikaten şaheser. Tekrar tekrar teşekkür ederiz. Mektubunuza ayrıca ve detaylı cevap vereceğiz.
Bu mektubum bu günkü *Aydınlık*'ta çıkan "AKP oyları nasıl düşürülür" adlı makaleyle ilgili.

Muhterem Doğu Bey!
Bazı makalelerinizin esas gayesini anlamakta gerçekten zorlanıyorum. Türk yazarlar, hele gazetelerde "kızım sana söylüyorum, gelinim sen anla" tabirine çok uygun şekilde yazıyorlar, tebrik ediyorlar, teşekkür ediyorlar. Benim gibi Türkiye dışında yaşamaya alışanlar da bunları ciddiye alıyorlar. Kültürlü bir yabancı yazar geçenlerde "nasıl oluyor da Türkiye'deki muhalefet yazarları iktidar ve etrafındakilere teşekkürler yağdırıyor, onlara iyilikler diliyor?" diye sorguluyordu.
Mesela siz, bence bu memleketin yetiştirdiği en akıllı, kültürlü, yetenekli, düşünce insanı nasıl olur da zamanınızı AKP oylarının düşürülmesiyle harcarsınız? Hakiki gayeniz İşçi Partisi'nin yükselmesi, adayların kazanması değil mi? Yanlış anlamıyorsam

---
* 2.16.2014.

niye doğrudan "İşçi Partisi nasıl kazanır, oyları nasıl artar" diye yazmıyorsunuz? Kusura bakmayın ben hâlâ Türkiye'nin "taşeroncu" mentalitesine ve düşünce tarzına alışamadım. Belki de yanılıyorum. Yani halk "İşçi Partisi'ne oy verin" yerine AK Parti'ye oy vermeyinden daha iyi anlayıp İşçi Partisi'ne oy verir.

Bütün bunlara rağmen İşçi Partisi'nin oylarını artırmak için hakikaten dramatik olaylarla uyuyanları uyandırmak gerekiyor. Bakın uzun zamandan beri TOMA sularıyla boğuşan on binlerce gencin yanında, suyla havalanan Aydınlık muhabiri Hüsna Sarı bir gecede Aydınlık'tan nefret eden 10'dan fazla yandaş medyada görüntülendi.

Sizin de bildiğinize inandığım yapılacak işlerin başında:

1- Dramatik olmaları (Hüsna Sarı misali),

2- Yahut da herkese zamanla (daha iyisi hemen) rahatsız edici bir etkisi olması. Mesela bir mitingin trafiği bozması, elektrik kesintisine sebep olması, İstanbul'a 3 gün gıda maddesi gelmemesi, vs.

Son zamanlardaki mitingler artık enerji ve etkisini kaybetmeye başladı ve bu da normaldir. Kendisine dikenin ucu bir parça da batmayanlar 50 seneden beri neredeyse günlük nakarat olan "battık-batıyoruz"u artık ciddiye almıyorlar. İktidardan nefret etseler bile tekrar onları seçmemeleri için bir sebep göremiyorlar.

Bu anlayış çerçevesinde mesela tutuklu 400 subay, gazeteci ve akademisyeni de içine alacak gölge bir kabine kursanız, belediyelere adaylar gösterseniz bir taşla üç kuş vurmuş olursunuz.

1- "Hapishane Kabinesi" bir anda bütün dünya basınında (ve Türkiye'de yandaş basında bile) "flash" haber olur.

2- Türkiye İşçi Partisi'nin varlığı öğrenilir.

3- Kafası karışık seçmenlere bir şans verilir.

Ben eminim ki, siz bunların hepsini düşünmüşsünüzdür. Neden yapılamadığı konusunda da fikirleriniz vardır.

İçinde bulunduğunuz durumun bir an önce daha iyileşmesi temennilerimle, çok iyilikler ve sağlıklar dilerim.

Turan M. İtil

~ Aslanlı Yol ~

"Aslanlı Yol" fikriniz seçimler için çok akıllı ve manalı. Problem, nedense üç partinin idarecileri ve büyük kesimleri İşçi Partisi'yle beraber olmak veya duyulmak/görünmek istemiyorlar.

İşçi Partisi Genel Başkanı Doğu Perinçek'e*

Sayın Doğu Perinçek,

"Aslanlı Yol" fikriniz seçimler için çok akıllı ve manalı. Problem, nedense üç partinin idarecileri ve büyük kesimleri İşçi Partisi'yle beraber olmak veya duyulmak/görünmek istemiyorlar. Anladığımıza göre İşçi Partisi üyeleri bile "parti" adından çekiniyor gibiler. Fakat buna rağmen sizin arzu ettiğiniz istikamette çalışmalar çok makul ve devam edebilir.

Bizim fikrimize göre, İşçi Partisi'nden "korkanları" avutmak ve HEDEFE ULAŞMAK için SEÇMENLERİN (HALK) "AKP'ye oy vermek istemiyorum ama KİME VEREYİM?" diye soranlarına, bilhassa yandaşlara, DİREKT olarak ASLANLI YOLU TAVSİYE etmek, KAFALARINA sokmak çok önemli olabilir. Bu yol elbette çok daha

---

* 10.12.2013.

pahalı (Çünkü kendi gazete veya televizyonunuzda değil de yandaş medyada reklam yapmanız şart).

Bizim kanaatimiz buna para bulunabilir.

Fikir ve Tavsiyelerimiz:

Bu seçimler ve belki de daimi olarak İşçi Partisi için yeni bir logo yaptırılsın. Eski Metro Golden Meyer filmlerindeki kükreyen aslana benzer bir logo, bu logo İşçi Partisi yerine veya beraber hiç olmazsa seçimler için kullanılsın. Eğer aslanı Kırmızı/Beyaz yaptırırsanız belki daha iyi olur.

Bildiğiniz gibi birçok zengin AKP'den kurtulmak istiyor fakat cesaretleri yok. Bunlara bir şans kapısı açın. İsimleri afiş olmadan gazete ve TV seçim kampanyanız için hibe para arayın.

Böyle paraları toplamak için Türkiye Gençlik Birliği çevresinden Atatürkçü üç kişiyi (2 hanım 1 bey) fon toplama kampanyası için bulun ve bunları zenginlere yollayın. Bunlar yalnız para değil aynı zamanda zenginlerin gösterecekleri aday isimlerini de istesinler.

Kükreyen aslan logosu altında her seçim için sizin kendi adaylarınız yandaş medyaya konsun.

Şayet bunlar yapılabilirse ve arzu edilirse bizden başlayıp şahsen tanıdığımız zenginlerin listesini size ve gençlere verebiliriz. Ayrıca onları takdim eder, randevu bile alabiliriz.

Hadiselere direkt olarak girmemiz, bu şekil, Türk âdetlerine göre çok nezaketsiz görünüyor. Yazdıklarımıza dikta havası veriyor. Çok affedersiniz kusura bakmayın. Elbette bunların makul olmayanları yahut yapılamayacakları vardır. Gaye İşçi Partisi'nin seçimlerde bir kuvvet olması.

Selam ve hürmetlerimizle

Muazzez İlmiye Çığ
Prof. Dr. Turan M. İtil

~ Önünüzdeki Tehlikeyi Görmüyorsunuz ~

Asıl bölücülüğün devleti idare edenler
tarafından yapıldığını,
ülkemizin ne büyük tehlikeler içine sokulduğunu
nasıl görmüyorsunuz?! Dağın arkasını görmesi
gerekli olan siz siyasetçiler, ayağınızın ucundakini
göremiyorsunuz. Yalnız bugün
korumaya çalıştığımız Cumhuriyet değil,
ülke gidiyor elden.

MHP Genel Başkanı Sayın Devlet Bahçeli,
Türkiye Büyük Millet Meclisi,[*]

99 yaşında bir kadınım. Size bu telgrafı çekmek zorunda kaldım Atatürk ve arkadaşlarının kurduğu Cumhuriyet'in verdiği olanaklarla profesör, ayrıca muhalif bir partinin başkanı olan siz, nasıl olur da önünüzdeki tehlikeyi görmüyor, o Cumhuriyeti yok etmeye, ülkede ilk olarak halkını sınıflandırıp birbirine düşman etmeye çalışan hükümetin arkasında durup o Cumhuriyet'in getirdiği aydınlığı savunanlara BÖLÜCÜ diyebiliyorsunuz? Asıl bölücülüğün, devleti idare edenler tarafından yapıldığını, ülkemizin ne büyük tehlikeler içine sokulduğunu nasıl görmüyorsunuz?

---
* 28 Ekim 2012.

Dağın arkasını görmesi gerekli olan siz siyasetçiler, ayağınızın ucundakini göremiyorsunuz. Yalnız bugün korumaya çalıştığımız Cumhuriyet değil, ülke gidiyor elden.

Bu vurdumduymaz tutumunuza ne anlam vereceğimizi bilmiyorum ve bilemiyoruz. Allah akıl fikir versin size!

~ Bir Çiviyazıları Bölümleri Enstitüsü Gerek ~

*Bir Hitit Enstitüsü fikri çok güzeldi olmadı.
Anadolu Uygarlıkları da olmadı. Başta Alman,
İngiliz Arkeoloji Enstitüleri gibi bir Türk Arkeoloji
Enstitüsü gerek. Kanımca buna şiddetle ihtiyacımız var.
Çünkü geniş çalışmalar oluyor,
bunlar yayımlanamıyor, çok önemlileri de
dışarıda yayımlanıyor. Bulunan eserler bir elden düzenli
yayımlanmalı. Dünya Arkeoloji Birliğine
pek sıcak bakmıyorum.
Ben bir de Çiviyazıları Bilimleri Enstitüsü düşünürüm.
Bunun içine Hitit, Asur ve Sümer de girer.*

Sayın Prof. Dr. Talat Halman,[*]

Pek sayın üstadım,

Değerli mektubunuzu ve *Cumhuriyet* gazetesindeki beni göklere yükselten yaş kutlama yazınızı alınca ne kadar mutlu olduğumu anlatamam. Önce yaş günümün tarihini hatırlamanıza şaşırdım. Bunun için sonsuz teşekkürler. Evet, 95 oldum ve onu

---

[*] 15.07.2009.

hayretle karşılıyorum, nasıl böyle çabucak geçti günler diye. Daha yapacak işler de çok...

Size karşı mahcubum da. Çünkü benim için hazırlanan armağan kitabına yazmış olduğunuz o değerli yazı için teşekkür edememiştim, seyahatler, rahatsızlıklar araya girdi. İstanbul'a döneli daha birkaç gün oldu. Şimdilik sağlığım iyi sayılır. Kitaptaki yazınız da çok kapsamlı. Bir Hitit Enstitüsü fikri çok güzeldi olmadı. Anadolu Uygarlıkları da olmadı. Başta Alman, İngiliz Arkeoloji Enstitüleri gibi bir Türk Arkeoloji Enstitüsü gerek. Kanımca buna şiddetle ihtiyacımız var. Çünkü geniş çalışmalar oluyor, bunlar yayımlanamıyor, çok önemlileri de dışarıda yayımlanıyor. Bulunan eserler bir elden düzenli yayımlanmalı. Dünya Arkeoloji Birliği'ne pek sıcak bakmıyorum. Ben bir de Çiviyazıları Bilimleri Enstitüsü düşünürüm. Bunun içine Hitit, Asur ve Sümer de girer.

Hitit kazılarında çıkan belgeler hakkında ne yazık ki, hiçbir haber yok. Almanya'dan gönderilen tabletleri garip bir şekilde Muhibbe Darga, Sedat Alp ve daha bazıları arasında paylaştırmışlar. Neye göre paylaşıldığını bilmiyorum. Halbuki tabletler nasıl olsa müzeye geliyor. Onlar üzerinde çalışmak isteyenler gelir çalışır. Muayyen miktar çalışmak için falana ayrılması olacak iş değil. Bunlar üzerinde bir doktora talebesi, bir asistan veya bir doçent neden çalışmasın? Muhibbe Darga arkeolojiye kaydı. Sedat Alp sizlere ömür oldu. Bu tabletler birilerinin tekelinde olmamalıydı ve olamaz da. Yeni, yığınla tablet çıkıyor. Özellikle Hurri dilinde olanlar çokmuş. Bizde onları okuyan yok bildiğime göre. Bana kalsa dışarıdan bir uzman getirilmeli, bölümdekilerle beraber çalışarak onları eğitmeli. Hurri dilinin Ural Altay dil grubundan olduğu söyleniyor ama bunun hakkında bir şey bilmiyoruz. Sümeroloji şubesinde yalnız Kültepe tabletleri üzerinde çalışıyorlar galiba. Ne yazık ki, benimle hiçbir bağlantıları yok. Beni pek adam yerine koymuyorlar!

Bizim tablet arşivi de uykuya yattı. Dünyada Hititoloji gibi Sümeroloji de eski güncelliğini kaybetti. Yeni yetişenler para kazanılacak dalları seçiyorlar.

Ben şimdi *Uygarlığın Kökeni*'nin ikinci cildini hazırlamaktayım. Ayrıca başka bir projem var. Buna göre Alman, Türkmen, Azeri, İran, Özbek, Türk bilim insanlarından Sümer dili ile Türk dili karşılaştırması yapanların bütün çalışmalarını bir araya topluyorum. Kaynak Yayınları bana destek oluyor. Başlayalım da bitiremezsek geride kalanlar tamamlayabilir diyorum. Sümercenin Türk dilinin bir dalı olduğu kanımca kuşku götürmez. Bu çalışma çok önemli sonuçlar verecek diye düşünüyorum.

Sümerlilerde Tufan Tufan'da Türkler kitabımı okudunuz mu bilmiyorum?... Orada yepyeni bir tez koydum ortaya. Verdiğim kanıtların ve bağlantıların güçlü olduğu inancındayım, ama sizin gibi değerli kimselerin eleştirilerini bekliyorum.

Çok uzun oldu bu mektup. Size ilginiz ve beni son derece onurlandıran yazılarınız için en içten teşekkürlerimle saygı, selam ve sevgilerimi sunarım.

~ Arkeoloji Müzesi'nin Çiviyazılı Tablet Bölümü ~

Gazetelerde "Arkeoloji Müzesi'nin
Çiviyazılı Tablet Bölümü kapanacak mı"
şeklinde çıkan yazım üzerine sınavla 1998 yılında
iki eleman alındı. Bunlardan Nafiz Aydın ne yazık ki,
atanmasından iki ay sonra emekli oldu.
Böylece o yere bir daha kimse atanmadı.
Yalnız kalan Asuman Dönmez Hanım'ın da ancak
idari işlere koşarken ne Sümer tabletleriyle çalışmaya
ne de bilimsel bir çalışma yapmaya vakti oluyor.

Sayın Ertuğrul Günay,
Kültür ve Turizm Bakanı'na,*

Pek sayın Bakanımız,

Bana her zaman gösterdiğiniz yakın ilgiye dayanarak bu mektubu yazıyorum. Bildiğiniz gibi ben 1940 yılında Dil ve Tarih-Coğrafya Fakültesi'nin Sümeroloji ve Hititoloji bölümünü bitirerek aynı durumda olan rahmetli arkadaşım Hatice Kızılyay'la İstanbul

---

* 4 Ağustos 2012.

Arkeoloji Müzeleri Çiviyazılı Tabletler Bölümü'ne atandık. Emekli olduğum 1972 yılının sonuna kadar, kazıldıkları zamandan beri el değmemiş Sümer, Asur, Hitit tabletlerinin konservelerini, tasniflerini, numaralanmalarını tamamladık. Gerek şahsi gerek yabancı bilim insanlarıyla bilimsel yayınlar yaptık. Yerimize iki eleman da yetiştirdik. Bu kez onların da emekli olma zamanları gelinceye kadar bölüme kimse atanmayınca, benim gazetelerde "Arkeoloji Müzesi'nin Çiviyazılı Tablet Bölümü kapanacak mı" şeklinde çıkan yazım üzerine sınavla 1998 yılında iki eleman alındı. Bunlardan Nafiz Aydın ne yazık ki, atanmasından iki ay sonra emekli oldu. Böylece o yere bir daha kimse atanmadı. Yalnız kalan Asuman Dönmez Hanım'ın da idari işlere koşarken ne Sümer tabletleriyle çalışmaya ne de bilimsel bir çalışma yapmaya vakti oluyor.

Özgeçmişi ve başvurusu ekli olan Oylum Gülmez'i, kendisini bana tanıttığı üç yıldan beri izlemekteyim. Sümerceye çok ilgili, çalışkan, bir genç olduğunu anladım. O yüzden benim müzede tabletler üzerinde başlayıp bitiremediğim çalışmanın tüm notlarını ona verdim. O bakımdan onun İstanbul Arkeoloji Müzeleri Çiviyazılı Tabletler Bölümü'ne atanması son derece yararlı olacağı kanısındayım. 98 yaşındayım. Bıraktığımız çalışmaları sürdürecek birini orada görmem beni mutlu edecektir. Ayrıca bilim dünyasına da yeniden sesimizi duyurabileceğimiz için de çok önemli olacaktır.

Bu arada ben de son görev olarak Sümer-Türk bağlantılarını içeren kitabı bitirmek üzereyim. Bu bağlantılar o kadar çok ki, Sümerlilerin vaktiyle Türklerin bir kolu olduğunu rahatlıkla söyleyebileceğiz.

İlginize en içten teşekkürlerimle saygı, selam ve sevgilerimi sunarım.

Muazzez İlmiye Çığ

(Ne Yazık ki, isteğim kabul olmadı)

~ Silivri Hapishanesindeki İnsanlarımızı Kurtaralım ~

En önemli görevlerimizden biri de haksız yere aylardan, hatta yıllardan beri hapislerde yatan değerli insanlarımızı kurtarmak diyorum ama nasıl? Bazen Patrona Halil kadar olamıyoruz diye kızıyorum.

Prof. Dr. Sayın Süheyl Batum,
CHP Parti Meclisi Üyesi,[*]

Sayın Hocam,

Genel Sekreter Sayın Önder Sav'a gönderdiğim mektubun bir kopyasını size de gönderiyorum. Prof. Dr. Taciser Konuk'u siz de tanıyorsunuz herhalde. Çok yapıcı, tam teşkilatçı bir arkadaş. Onun bu projesine sizin de destek olmak isteyeceğinizi ve elinizden geleni yapacağınızı düşündüm. Bunda haklıyım değil mi?

Diğer görevleriniz yanında yine ağır bir yük yüklendiniz, kolay değil ama bu ülke ancak sizin gibi idealist ve çalışkan gençlerin omuzlarında ve önderliğinde rayına oturabilecek. En önemli görevlerimizden biri de haksız yere aylardan, hatta yıllardan beri hapis-

---

* 09.08.2010.

lerde yatan değerli insanlarımızı kurtarmak, diyorum ama nasıl? Bazen Patrona Halil kadar olamıyoruz diye kızıyorum. Bir devrimin bütün devirlerini yaşamak, daha iyi olacak derken daha fenasını görmek çok acı geliyor bana, ama elimden bir şey gelmiyor ki...

Daha fazla zamanınızı almayayım. İşlerinizde sağlıkla başarılar diler, sevgi, saygı ve selamlarımı sunarım.

~ Devrimlerimiz Elimizden Kayıyor ~

Mektubunuzda elimizden kaymakta olan devrimlerimiz için üzüntülerimi, naçizane önerilerimi okuyacaksınız. Buna "uzaktan davul çalmak" denebilir, ama ben vatandaşlık hakkımı kullanıyorum diyorum.

Sayın Birgen Keleş,
CHP Milletvekili TBMM,*

Sayın Hanımefendi,
Galiba sizinle geçen yıl tanışmıştık, tekrar görüşmek üzere bana kartınızı vermiştiniz. O zamandan beri bir fırsat düşmedi size telefon etmeye. Bugün Sayın Mustafa Sarıgül'ün kurduğu partisiyle CHP'ye katıldığını duyunca, bunun yeni kurulan diğer partilere de bir örnek olur umuduyla çok mutlu oldum. Bu mutluluğu sizinle paylaşmak ve partilerin birleşmesiyle ilgili düşüncelerimi size de iletmek istedim. Ne yazık ki, yurtdışındaymışsınız. Ama adını aklımda tutamadığım yardımcınız veya danışmanınız hanımefendinin çok sıcak karşılamasına ve kendisiyle yaptığımız güzel sohbete dayanarak size sayın Deniz Baykal'a, sayın Kemal Kılıçdaroğlu'na ve Sarıgül dolayısıyla sayın Kemal Abdullahoğlu'na yazdığım mektupları gönderiyorum. Bunlarda ülkem için,

---
* 22.06.2010.

elimizden kaymakta olan devrimlerimiz için üzüntülerimi, naçizane önerilerimi okuyacaksınız. Buna "uzaktan davul çalmak" denebilir, ama ben vatandaşlık hakkımı kullanıyorum diyorum. Yoğun işleriniz arasında bunları okumak zahmetinde bulunmanız beni mutlu edecektir.

Çok ağır ve büyük bir sorumluluk yükleyen görevinizde başarılar diler, saygı, sevgi ve selamlarımı sunarım.

Ekler:

- Genel Başkan sayın Kılıçdaroğlu'na elden verilecek mektup.

- Sayın Kılıçdaroğlu'na ve sayın Deniz Baykal'a gönderdiğim mektupların kopyası.

~ Eş Bakan! Asıl Garabet Sizsiniz... ~

Profesör olmak için yazdığınız kitaba
başkasından çalıntı bilgileri koyduğunuz için
üniversiteden kovulmanıza karşın,
bir devlet bakanı hem de Kültür Bakanı olmanız
en büyük GARABET!

Sayın Ömer Dinçer,
Milli Eğitim Bakanı,[*]

Sayın Bakan,

Bugün *Sözcü* gazetesinde Danıştay tarafından 19 Mayıs törenlerini kaldırmanızın iptal edildiğini, sizin de bu çok yerinde karar için GARABET dediğinizi okudum. Gazetelerin yazdığına göre, asıl garabet sizin kendinizsiniz. Profesör olmak için yazdığınız kitaba başkasından çalıntı bilgileri koyduğunuz için üniversiteden kovulmanıza karşın, bir devlet bakanı hem de Kültür Bakanı olmanız, en büyük GARABET! Başka bir ülkede, hele Japonya'da böyle bir şahıs intihar eder, insanlar arasına çıkmaya utanırdı. Ama utanmanız, Allah korkunuz olsaydı bunu hiç yapmazdınız.

---

[*] 29.04.2012.

Eğer düşünceniz olsaydı bu yasak kararını verirken de uzun uzun düşünmeniz, tutup tutmayacağını soruşturmanız gerekirdi. Kendinizi padişah zannettiniz herhalde. Ona bile halk "Böbürlenme padişahım senden büyük Allah var" diyebilmiştir.

Ne yazık ki ülkemiz, yüce Tanrı'ya dilini dayayan birçok sahtekârlar tarafından yönetiliyor. Her şeyin sonu olduğu gibi bunun da sonu gelecek yakında.

Hoş kalın.

~ İnanılmaz Bir Alçakgönüllülük ~

*Size karşı gelenlere, dava açanlara,
hakkınızda kötü konuşanlara büyük sanatçı olarak
candan bir dost eli uzatıyorsunuz,
ne inanılmaz bir alçak gönüllülük!
Ama onlar bundan ne yazık ki anlamaz, anlayamaz!
Zavallıların kafası öyle doldurulmuş ki...*

Sevgili Fazıl Say,[*]

Size karşı gelenlere, dava açanlara, hakkınızda kötü konuşanlara büyük sanatçı olarak candan bir dost eli uzatıyorsunuz, ne inanılmaz bir alçak gönüllülük! Ama onlar bundan ne yazık ki anlamaz, anlayamaz! Zavallıların kafası öyle doldurulmuş ki... Bilmem okudunuz mu nerede ise on üniversitenin ilahiyat profesörü olan kimseler, ezanın bile bir müzik olduğunu anlamayacak kadar cahil olanlar, her türlü müziğin ve müzik aletinin kullanılmasının günah olduğunu yazıyorlar. Halbuki *Kur'an*'da böyle bir günah asla yok. Nereden çıktı bu insanlar, biz yetiştirmedik bunları. Bunlar gâvur dediklerinin eğittikleri! Ülkemizi karanlık çağa götürerek parçalara ayırmak için uğraşan düşmanlarımızın

---

[*] 25.11.2012.

yardımcıları. Din kitabımız olan *Kur'an*'ı hiçe sayarak onda yazılmayanları uydurarak, yalan yanlış lafları çıkararak cahil halkımızı daha çok cahilleştirmek için uğraşıyorlar. Böyle eğiticileri olanlardan ne bekleyebiliriz? Ona rağmen halkımızın büyük çoğunluğuyla bildiğimiz yolda, Atatürk'ün çizdiği yolda, hiçbirine kulak vermeden gideceğiz. Hele siz bunlara hiç aldırmayınız lütfen! Siz Avrupa'nın 400 yılda yetiştirdiği sanatçılarından daha değerlisiniz. Bütün bu zırvalıklardan uzak, müziğinizle baş başa olacağınız çok mutlu bir ortamda yaşamalısınız ki, yeni eserler verebilesiniz. Eğer Atatürk zamanında olsaydınız, o sizi koyacak yer bulamazdı. Şimdi de ruhunun benim arkamda olduğuna inandığım gibi sizin de arkanızda olduğuna inanıyorum.

Sizden bir büyükanne olarak ricam, densizce konuşanlara hiç kulak asmayın, sözle ve yazıyla en ufak bir yanıt vermeyin ki çatlasınlar! Onlara en güzel karşılık daha üstün eserler çıkarmaktır. Var olun! Sağ olun! Bütün duam bu...

~ Müziğimiz Daha da Güçlenecektir ~

"Türkiye'de müzik inkılabı çatır çatır çöktü" diyorsunuz.
Bunu nasıl söyleyebilirsiniz sayın Murat Bardakçı?
Bu sözünüze sayın Fazıl Say muhteşem bir yanıt verdi.
Ben de dayanamayarak
şu birkaç satırı yazmak zorunda kaldım.

Sayın Murat Bardakçı'ya,*

"Türkiye'de müzik inkılabı çatır çatır çöktü" diyorsunuz. Bunu nasıl söyleyebilirsiniz sayın Murat Bardakçı? Bu sözünüze sayın Fazıl Say muhteşem bir yanıt verdi. Ben de dayanamayarak şu birkaç satırı yazmak zorunda kaldım. Sizin çatır çatır çöktü dediğiniz müziğimiz için ben, 80 yıl içinde müzikte bugün geldiğimiz seviyeyi, yetişen kompozitörlerimizin ve icracılarımızın başarılarını nerede ise Avrupa'nın 400 yıl süren Rönesans'ında yetişen müzisyenleri kadar değerli ve çok sayıda olduklarını görüyor, son derece mutlu oluyorum. Ne yazık ki, ne gazetecilerimiz ne aydın geçinenlerimiz onların başarılarından hemen hiç söz etmiyorlar. Eğer bir küçük başarısızlıkları söz konusu olsa çarşaf çarşaf yazarlar sıkılmadan. Sayın Murat Bardakçı, 80 yıl önce ne müzikten ne de Batı müziğinden haberimiz vardı. Bu kısa zaman içinde mü-

---

* 31.03.2013.

ziğin her kolunda, dünya çapında, eserleri çalınan, ödüller alan müzisyenlerimiz, kompozitörlerimiz yetişti. Bir tek orkestramız yok iken bugün birçok şehirlerimizde hatta üniversitelerde senfoni orkestralarımız oldu. Hatta dışarıda konserlere katılan ve ödüller alan orkestralarımız var. Bir genç kızımızın Amerika'da on bin piyanist arasında birinciliği kazandığını biliyor musunuz? Atatürk'ün "Türk çalışkandır, zekidir" sözünün hiç de kafadan atma bir söz olmadığı, yalnız müzisyenler değil sanatın her alanında, bilimde dünya çapında başarılı, ödüller alan kimselerimiz olduğuyla kanıtlandı... Ama ne yazık ki, gazetecilerimiz bunları ortaya çıkarmaya, halkımıza tanıtmaya yanaşmıyorlar. Yazsalar bile gazetenin en görünmez yerine koyuyorlar. TV kanallarında bu müzisyenlerimizin eserleri çalınarak halkımıza bunlar belki gâvur (!) müziği düşüncesiyle tanıtılmıyor. Siz zaman zaman kendi kompozitörlerimizin, icracılarımızın eserlerini dinliyor musunuz acaba?

Kravatlı bazı yobazlar her tür müziğin günah olduğunu yazdığında aydın geçinenlerimiz bunun doğru olmadığını yüzlerine vurmuyor.

Sayın Bardakçı, hiç endişe etmeyin! Sanatçılarımız müziğimizi öyle evrensel yaptılar ve yapıyorlar ki, örümcek kafalı aydın geçinenler, göz yumulan yobazlar yüzünden kendi ülkemizde çökse bile dünyada daha çok güçlenecektir.

~ Laik ve Atatürkçü Partiler Birleşmeli ~

Gençlerimiz Kur'an kursları ve İmam Hatiplerle
dinli dinsiz diye ayrıldı. Töre cinayetleri aldı yürüdü.
Korkunç bir şekilde içsavaşa doğru gidiyoruz.
Dışarıdakiler de bunu dört gözle bekliyor
ve olması için ellerinden geleni esirgemiyorlar.
İçimizdeki hainler de onlardan aşağı değil.
Bunları görmemek için artık kör olmak gerek.

DYP Genel Başkan Yardımcısı Kemal Abdullahoğlu'na[*]
Sayın Kemal Abdullahoğlu,

Şişli Belediye Başkanı Sayın Mustafa Sarıgül'le beni buluşturmak istediğinizi söylediniz. Sayın Başkan'ın mensubu olduğu Cumhuriyet Halk Partisi'ni bırakmamaktaki direnişini, Şişli'deki yaptığı çok olumlu sosyal faaliyetlerini, halkla el ele çalışmalarını, büyük bir takdirle izlemişimdir. Şimdi de yeni bir parti kurmakta olduğunu öğrendim. İyi güzel ama o kadar çok parti kuruldu ki, halkımız hangisine oyunu vereceğini şaşıracak, oylar yine AKP'ye gidecektir. Çünkü onun maddi ve manevi bakımdan arkası çok kuvvetli. Ben bir siyaset insanı olmadım. Bu demek değildir ki, siyasetten uzak kaldım. Devrimimizi başından bugüne kadar iz-

---
* 24.07.2009.

leyen, neyin yanlış, neyin doğru olduğunu düşünen bir insanım. Gençlerimiz *Kur'an* kursları ve İmam Hatiplerle dinli dinsiz diye ayrıldı. Töre cinayetleri aldı yürüdü. Korkunç bir şekilde içsavaşa doğru gidiyoruz. Dışarıdakiler de bunu dört gözle bekliyor ve olması için ellerinden geleni esirgemiyorlar. İçimizdeki hainler de onlardan aşağı değil. Bunları görmemek için artık kör olmak gerek. Peki ne yapalım? Herkes bunu soruyor. Ben de sordum ve soruyorum hep. Sonunda kendime göre bir çözüm yolu buldum:

Kanımca şimdi aynı siyasal düzeyde olan, yani ülkenin laik, bağımsız ve Atatürk'ün öngördüğü bir ülke olmasını candan isteyen partiler birleşmeli. Başkanlardan bir konsey teşkil edilmeli. Hiçbiri ben baş olacağım hevesine düşmemeli. Bu konseyin üstünde onu denetleyen Sayın Necdet Sezer veya Sabih Kanadoğlu gibi dürüstlüğüyle tanınmış birisi olmalı. Konsey üyeleri daha başından mal varlıklarını açıklamalı. Açık bir program hazırlanmalı. Borçlar nasıl ödenecek, varlıklarımız nasıl değerlendirilecek, dışarıya muhtaç olmadan nasıl kalkınacağız, açıklanmalı. Böyle bir partinin veya kuruluşun seçimi kazanacağından kuşkum yok. Seçim kazanılıp bir devre Atatürk'ün önerdiği ve ülkemizin şartlarına göre devlet rayına oturtturulduktan sonra ikinci devrede isteyen partisini alıp kendi başına siyasetini yürütebilir. Bunlar hangi partiler olabilir? Laikliği anlamayan Demokrat Parti, Anavatan partisi, MHP, hatta DSP gibi partiler olmaz. Yeni kurulan veya yalanla, hırsızlıkla kirlenmemiş ve aynı çizgideki partiler olmalı. İşçi Partisi'nin böyle bir kuruluşa katılacağını zannediyorum. Hak ve Eşitlik Partisi, Prof. Dr. Yaşar Nuri'nin ve Tuncay Özkan'ın, Mümtaz Soysal'ın partileri olabilir. Bunlara Hulki Cevizoğlu da katılmalı. Bu partilerin bunu kabul edip etmeyeceklerini bilmiyorum. Herkes, ben ondan üstünüm derse olamaz. Ama Kurtuluş Savaşı zihniyetiyle vatanımızın bugün buna ihtiyacı var düşüncesiyle kalkışılırsa olur.

Sayın Başkan bu öneriyle ilgilenirse, o zaman daha etraflı konuşmak üzere bir randevu isteyebilirsiniz.

Saygılarımla.

~ Türkçenin Korunmasının Önemi Üzerine ~

Eğer her bilim dalında yabancı terimler yerine
Türkçe karşılığı bulunsa Türkçemiz çok zenginleşir.
Bir zamanlar buna başlanmıştı, şimdi ne halde bilmiyorum.
Üstelik dilimiz bu zenginleşmeye de çok uygun.
Ona karşılık dışarıdan ve içeriden dilimizi İngilizceleştirmeye
uğraşıyorlar. Böylece savaşsız işgale yol hazırlanıyor.
Arapça, Farsçadan kurtulduk derken
İngilizce karşımıza çıktı.

Sayın Ahmet Hakan Coşkun'a,*

Sevgili eşim eski Topkapı Sarayı müdürlerinden Kemal ÇIĞ (ölümü 1983) bana hep "Sen köşe yazarı olabilirsin" derdi. Ben hiç kulak asmaz, böyle bir şeyi düşünmezdim bile. Müzede çalıştığım günlerde ne gazete ne köşe yazılarını okumaya vaktim vardı. O okur, bana da kısaca anlatırdı konuyu. Herhalde onlara bir eleştiri yapıyor veya düşüncemi söylüyordum ki, o kanıya vardı. Gel zaman git zaman köşe yazılarını okur oldum ve hakiki bir köşe yazarı olmanın hiç de öyle kolay olmadığını, yazılacak konuyu her yönüyle bilmek için ne kadar çok çalışmanın gerek olduğunu gördüm... İyi bir gazete okuyucusu, önce köşe yazılarını okur. Bunların aynı zamanda öğreticiliği vardır. Yazıdaki dilin kullanılışı,

---

* 12.06.2009.

imlasının doğru olması, konunun anlaşılır olması ve eğer bir bilgi veriliyor veya bir eleştiri yapılıyorsa onların doğru kaynaktan verilmesi gerek... Bunların hepsini bir arada bulmanın ne kadar zor olduğunu görüyorum köşe yazılarında...

Gelelim asıl konumuza. Zaman zaman okuduğum Sayın Ahmet Hakan'ın yazılarından bazılarını beğenirim. Yalnız 15 Mayıs tarihli gazetedeki yazısında sayın Prof. Dr. Oktay Sinanoğlu'nun Türk dili üzerindeki çalışmaları için "Sen fen bilimcisi olarak ne anlarsın dil işinden, karışma, dilciler yapsın onları" diyor. Sayın Hakan dil üzerinde çalışanlardan ve çözenlerden büyük bir kısmının matematik kafalı olduğunu bilse bunu yazmazdı kuşkusuz. Çiviyazılarını önce bir öğretmen, sonra bir subay çözmüştü. Çünkü onların matematik kafası vardı. O kafada olanlar dilin bünyesini, kurallarını, işleyiş şeklini daha çabuk kavrıyorlar herhalde. Hele Prof. Dr. Oktay Sinanoğlu gibi uzun ve pek başarılı bir fen bilim yolunu geçmiş biri için bu çok doğal. Üstelik o dilin çözümü üzerinde değil korunması zorunluluğu üzerinde duruyor. Bizim dilimizin tam bir matematik dili olduğunu, hatta bilgisayara en uygun dilin Türkçe olduğunu söylüyorlar. O yüzden dilimiz binlerce yıldan beri varlığını korumuş. Hatta Sümerce kelimeler içinde bugünkü Türkçemize hem anlam hem fonetik bakımından uyan kelimeler saptandı. Yakın zamanda Sümerlilerin tam olarak Türklerin bir kolu olduğu ortaya çıkacağından kuşkum yok.

Atatürk de dilci değildi, ama eski matematik ve geometri terimlerini Türkçeleştiren bir kitap yazdı. Şimdi o terimler kullanılıyor kitaplarda O'nun sayesinde anlaşılması çok zor Arapça, Farsça, Türkçe karışımı bir dilden kurtulduk. Jeoloji Profesörü sayın Ahmet Ercan anlatmıştı: Bir dersten öğrencileri bir türlü başarılı olamıyorlarmış. Bunun nedenini araştırıyor. Bu derse ait bütün terimler yabancı dilde. Çocuklara onları öğrenmek zor geliyormuş. Kendisi bu terimleri Türkçeleştiriyor, çocuklarda başarı birdenbire yüzde 90 yükseliyor. Eğer her bilim dalında yabancı terimler yerine Türkçe karşılığı bulunursa Türkçemiz çok zenginleşir. Bir zamanlar buna başlanmıştı, şimdi ne halde bilmiyorum. Üstelik dilimiz bu zenginleşmeye de çok uygun. Ona karşılık dışarıdan ve içeriden dilimizi İngilizceleştirmeye uğraşıyorlar. Böylece savaşsız işgale yol hazırlanıyor. Arapça ve Farsçadan kurtulduk derken İngilizce karşımıza çıktı. Türkçe İngilizce birleştirilerek mycep=benim cebim gibi acayip kelimeler var ortada.

Bu yüzden ve bunlara engel olmak için Türk dili üzerinde çalışan gruplar oluştu. Buna çok mutlu oluyorum. Dilimizi korumaya çalışanlar da var ve bunlara önderlik eden Prof. Dr. Oktay Sinanoğlu gibi bilim insanına sahibiz. Bu köşe yazarımızın Prof. Dr. Sayın Oktay Sinanoğlu'nu eleştireceği yerde, bu önemli işe baş koyduğu için ona binlerce teşekkür etmesi gerekirdi.

~ Çağırıyorum: Gelip Alnımı Karışlasın! ~

Evet, bu gazeteci beyefendiye,
dinimizin öngördüğü gibi namuslu olmasını,
kendisine bugünkü durumunu kazandıran Atatürk'ü
-kim bilir hangi yararları uğruna- utanmadan küçülteceğim
diye tarihi kendine göre uydurmamasını,
böylece gençlere kötü örnek olmamasını tavsiye ederim.
Bunu ne Allah ne de Peygamberimiz onaylar.

Engin Ardıç'ın Yazısı Üzerine,[*]

Sabah gazetesi yazarlarından Engin Ardıç, 14 Mart 2009 günü gazetesinde yazdığı yazısında, yazdıklarının doğru olmadığını söyleyenlerin alnını karışlayacakmış. Ben kendisine meydan okuyorum: Gelsin alnımı karışlasın!

Bu şahıs ya tarih okumuyor (ki çok yazık bir gazete yazarına) ya da okuyor, ama okuduklarını bilerek çarpıtıyor!... Eğer öyleyse, yalan söylüyor demektir. Bu da Allah korkusu olan inançlı bir kimsenin yapamayacağı bir şeydir. Ne yazmış bu önemli yazar?

-Atatürk'ün pasaportu yokmuş...

Nasıl olur! İstanbul'dan Samsun'a gidebilmek için İngilizler pasaport vermemişler miydi? Hatta, atının bile pasaportu vardı!

---

[*] 28 Mart 2009.

Onunla giden 19 arkadaşının da... Yalnız birine alamamışlardı ve o da ancak atların arasına gizlenerek yola çıkabilmişti. Bu çıkışla savaşlarda yorgun düşmüş, yığınlarla insanını kaybetmiş, ne yapacağını bilemeyen yorgun şaşkın bir milleti ayaklandırarak ülkeyi düşmanlardan temizledi ve böylece onlara büyük bir gururla pasaport verenleri, İstanbul'dan kovdu. Yoksa yalnız İstanbul'a pasaportla girip çıkmak değil, vatanımıza da pasaportla gidilecekti. Eğer elimizde bir parçası kalabilseydi!...

-Atatürk, Anadolu'yu şehir şehir dolaşmaya kalkmış... Halbuki o zaman toplum o kadar donuk, ulaşım o kadar yetersiz, bir yerden bir yere gitmek başlı başına heyecan verici bir serüven gibi bir şeymiş. Onun yerine uçağa binip Atina'ya gitmeli, eski düşmanını kucaklamalıymış!

Bu kadar hayâsızlık olamaz! Eğer Atatürk o kötü yollarda bütün sıkıntılara katlanarak dolaşıp o donuk toplumu canlandırarak ve kadını erkeği, çoluğu çocuğuyla bütün gayretleriyle uğraşarak ülkemizi düşmanlardan temizlemeseydi, bu beyefendi böyle İstanbul'da oturup düşünmeden ağzına geleni de yazamazdı!

Evet, Atatürk uçağa binip Yunan dostlarının elini sıkmadı, ama o düşmanı olan Venizelos, Atatürk'ün esir aldığı kumandana ve ayağına serilen düşman bayrağına gösterdiği insanlığı anlayarak/ takdir ederek onu Nobel Barış Ödülü'ne namzet gösterdi. Diğer taraftan, asker pilot olarak yetişen evlatlığı Sabiha Gökçen'i tek başına uçakla Yunanistan, Bulgaristan ve Romanya'ya barış elçisi olarak gönderdiğinde, o ülkelerdeki insanlar -inanılmayacak bir coşku içinde- sokaklara dökülerek onu karşıladılar ve ayrıca devlet misafiri olarak büyük bir törenle ağırladılar. Atatürk, evlatlığını bile kendisi gibi karşılattıracak bir saygı kazanmıştı dünyada...

-Atatürk, Milletler Cemiyeti'ne gidip konuşarak kendini göstermemiş.

O, Milletler Cemiyeti'ne gitmedi, ama onlar, Türkiye Cumhuriyeti Hükümeti'ni tanıyarak Cemiyet'e alacaklarını bildirdiler. Atatürk, hemen mal bulmuş gibi kabul etmedi bu teklifi. Ancak bizim şartlarımız kabul olunursa gireriz dedi. Atatürk'ün gidip boy göstermesine gerek kalmadan şartlarımız kabul edildi ve böylece Cemiyet'e girdik.

-Atatürk'ün, İstanbul'a ve Anadolu şehirlerine geliş günleri neden büyük bir olay gibi pazarlanıyormuş! Hitler, Mussolini, Stalin'in Stuttgart'a Venedik'e, Odessa'ya gidişinin bilmem kaçıncı yıldönümü kutlamaları var mı?

Bir kere bu şahsın Atatürk'ü bu adamlara benzetmesi kadar "banal" bu kadar aptalca bir şey olamaz. Bunlar, devletlerinin tarihine büyük kara lekelerle girdiler. Ülkelerini, onarılması güç felaketlere sürüklediler. Atatürk ise, ülkemizi işgal eden düşmanı sürüp çıkardığı şehirlere ayağını bastığında, O'nu büyük şenliklerle karşılamıştı halk... O anıyı unutmayan şehirliler anısını devam ettiriyorlar. Kime yalakalık ediyorlar? Atatürk çoktan öldü...

-Atatürk Beyaz Saray'a, Moskova'ya, Fransa'ya giderek barış görüşmeleri gibi hatıralar bırakmamış...

O oralara giderek kimsenin kıçını yalamak istemedi. Hepsi yalakalık yaparak ne koparmak isteyeceğini, onlar da bundan nasıl yararlanacaklarını düşünecekti. Atatürk için hem kendi onuru hem devletinin onuru her şeyden üstündü. Attığı adımlar ve sarf ettiği sözler de hep hesaplıydı. Aklının estiği gibi hareket etmez ve konuşmazdı. O yüzden bütün dünyada saygı gördü. Bunun en önemli kanıtı, öldüğü zaman bütün dünya gazetelerinde hakkında yazılan övgülerdi. (Nuri M. Çolakoğlu tarafından derlenen *Dünya Basınında Atatürk* kitabına bakılması...) Bu kitapta, yazarın büyük adam olarak Atatürk'e gelmediğini yazdığı Hitler, Atatürk hakkında neler söylüyor: Führer, Atatürk'ün yönetimindeki Türkiye'nin elde ettiği başarıların, Nasyonal Sosyalistlerin iktidara gelme yolundaki ilerlemesinde kendisine ilham verdiğini ve Türklerin vermiş olduğu Kurtuluş Savaşı'nın kendisine yürüdüğü yolda ışık tutan bir örnek teşkil ettiğini söylüyor.

Bizim yazara göre Hitler ve Mussolini, Atatürk'e ziyarete gelen Afganistan, İran ve İngiliz kralından daha üstünlermiş! Bakın hele bu yazarın bilgiçliğine?

Atatürk, pasaport alıp yurtdışına çıkmamış, bu hem doğru hem yanlışmış! Atatürk çıkmamış, ama Mustafa Kemal çıkmış... Libya'ya gitmiş, ama o yurtdışı değilmiş... Sofya'ya, Berlin'e gitmiş, ama o zaman Osmanlı subayı olarak görevli gitmiş...

Bu adam hiç tarih okumamış! Saptan dolma veya hınzırca konuşmak buna denir. Mustafa Kemal Sofya'da yan gelip yatacağı, kadınlarla veryansın zevk edeceği yerde, askerlikten uzaklaştırmak için gönderildiği o yerden gönüllü olarak Çanakkale'ye giderek ateşin içine attı kendini ve son anda Çanakkale Savaşı'nı kazandırdı ülkeye...

Libya'ya da sanki keyif için gitti! Trablusgarp'ta olan savaşa katılmak için gönüllü olarak, İngilizlerin öldürmesi tehlikesini de göze alarak, kılık kıyafet değiştirip gitti ve tam İtalyanları püskürttükleri zaman, Osmanlı Devleti onu hiçe sayarak teslim ediverdi orasını İtalyanlara...

Evet, bu gazeteci beyefendiye, dinimizin öngördüğü gibi namuslu olmasını, kendisine bugünkü durumunu kazandıran Atatürk'ü -kim bilir hangi yararları uğruna- utanmadan küçülteceğim, diye tarihi kendine göre uydurmamasını, böylece gençlere kötü örnek olmamasını tavsiye ederim. Bunu ne Allah ne de Peygamberimiz onaylar.

İsterse gelsin benim alnımı karışlasın, ama korkarım eli yanar!

~ Nasıl Bir Vicdanınız Var? ~

Kaç gündür yazacağım bir türlü vakit bulamadım,
ama beynimden de hiç ayrılmadı.
TV'de sayın Fatih Altaylı ve sayın Levent Kırca konuşması...
Levent Kırca ne kadar sakin ne kadar huzurluydu
hayran oldum. Sayın Fatih Ataylı beni o kadar şaşırttınız ki...
Sizi ne kadar yanlış anlamış olduğumu görerek hem şaşırdım
hem de üzüldüm. Nasıl bir vicdanınız var ki,
gazeteci arkadaşlarınız suçsuz olarak hapiste yatıyor da
onları bir kere olsun ziyaret etmiyor,
onlara moral vermiyorsunuz?

Sayın Fatih Altaylı'ya açık mektup,*

Kaç gündür yazacağım bir türlü vakit bulamadım, ama beynimden de hiç ayrılmadı. TV'de sayın Fatih Altaylı ve sayın Levent Kırca konuşması... Levent Kırca ne kadar sakin ne kadar huzurluydu hayran oldum. Sayın Fatih Ataylı beni o kadar şaşırttınız ki... Sizi ne kadar yanlış anlamış olduğumu görerek hem şaşırdım hem de üzüldüm. Nasıl bir vicdanınız var ki, gazeteci arkadaşlarınız suçsuz olarak hapiste yatıyor da onları bir kere olsun ziyaret etmiyor, onlara moral vermiyorsunuz? Gitmediğinizi, gitmeyece-

---
* 27.01.2013.

ğinizi söylerken de yüzünüzde sanki onlardan nefret eder, tiksinir gibi olan ifade, hâlâ gözlerimin önünden gitmiyor. Nasıl üzüldüm ve nasıl içim yandı!... En azından bir gün bunun sizin de başınıza gelebileceğini düşünebilirdiniz. Onların hiçbiri başlarına böyle bir felaketin geleceğini bilmediler, düşünmediler. Hele yüzlerce insanın hayatını kurtarmış, adı dünyada destan olmuş Prof. Dr. Haberal'ın kaç yıldan beri hiç suçu yokken yatması sizin vicdanınızı hiç sızlatmamış anlaşılan. Ben hemen her akşam yatarken, onların o zavallı, perişan halini düşünüyor, üzülüyor, bir an önce kurtulmaları için dua ediyor, onları o hale getirenlerin cezalarını görmesi için Allah'a yakarıyorum...

Sizdeki ve onları suçsuz olarak oraya koyanların bu vicdan körlenmesine karşı insanın "darısı sizlere" diyeceği geliyor.

~ Hiç Değişmemişim
Hep Aynı Şeyleri İstiyorum ~

*İnsanın yaşı ne kadar ilerlerse ilerlesin ruhu/gönlü
hiç değişmiyor. Gençken, böyle düşünemez,
biraz yaşı ilerlemiş olanların
sanki her şeyden ellerini ayaklarını
çekmeleri gerekliymiş gibi
düşünürdüm. Şimdi gençlere sesleniyorum:
Yaşlı olunca da insanlar sever, sevinir, üzülür,
güzelden zevk alır, âşık olabilir, çalışabilir,
yeter ki sağlıklı olsun ve istesin.*

Çok Sevgili Leyla Hanım,[*]

Dün akşam bana 95 yaşımda olduğuma göre "Ne hissediyorsunuz?" diye sordunuz. 75 yaşında iken ne düşündüğümü yazdığım dizelere baktım. Hiç değişmemişim, hep aynı şeyleri istiyorum. Demek ki, insanın yaşı ne kadar ilerlerse ilerlesin ruhu/gönlü hiç değişmiyor. Gençken, böyle düşünemez, biraz yaşı ilerlemiş olanların sanki her şeyden ellerini ayaklarını çekmeleri gerekliymiş gibi düşünürdüm. Şimdi gençlere sesleniyorum: Yaşlı olunca da insanlar sever, sevinir, üzülür, güzelden zevk alır, âşık olabilir,

---

[*] Leyla Umar, 21.06.2010.

çalışabilir, yeter ki sağlıklı olsun ve istesin. Onların önünde durmayın, yaptıklarını kınamayın, onların hislerini kullanma yolunu kapamayın. Bir gün siz de geleceksiniz o yaşa, diye aklınızdan çıkarmayın, benden sizlere bedava öğüt.

Sevgi ve saygılarımla.

~ Akademili Olmayanlar da Bilimsel Çalışma Yapabilir ~

Bilimsel çalışmaların yalnız akademisyenler tarafından yapılması düşüncesine şaşıyorum.
Çünkü çiviyazılarını çözenlerden biri dil eğitimi almamış bir öğretmen, diğeri bir İngiliz subayıydı.
Daha sonraki çalışmaları yapanlar, botanikçiler, fenciler oldu.

Sayın Hürol Taşdelen,[*]

En az üç kez e-mail olarak cevap yazmaya başladım ve kayboldu. O yüzden ayrı olarak yazıyorum.

Türk tarihi araştırmaları son zamanlarda daha yoğun yapılıyor. Özellikle yeni Türk devletleriyle müşterek çalışmalar oluyor. Gelelim Kâzım Mirşan meselesine. O şimdiye kadar hiç bilinmeyen bir şeyi ortaya attı, Türk yazısının çok eski olduğunu ve onu Türklerin icat ettiğini ileri sürdü. Onun bu savı yeni arkeolojik buluntularla kanıtlanıyor. Yazı çok eski zamanlarda kayalar üzerinde bulunuyor. Bu yazının Türkler tarafından icat edilmiş olacağı, Türk diline tam uyan bir yazı olması ve damgalardan gelişmiş olarak görülmesi nedeniyle kabul ediliyor. Bilimsel çalışmaların

---
[*] 19.02.2010.

yalnız akademisyenler tarafından yapılması düşüncesine şaşıyorum. Çünkü çiviyazılarını çözenlerden biri dil eğitimi almamış bir öğretmen, diğeri bir İngiliz subayıydı. Daha sonraki çalışmaları yapanlar, botanikçiler, fenciler oldu. Kazım Mirşan'ı eleştirmek için karşısına daha güçlü bir sav çıkarılması gerek. Aksi halde o, soru işaretiyle kabul edilecektir. İleriye sürülen bir fikre "olmaz" dersek o olmaz, ama "olabilir" dersek onun üzerinde başka çalışanlar çıkıp onu kanıtlayabilir.

Saygılarımla.

~ Sümerliler Hapishaneyi Anne Karnına Benzetirlermiş ~

Sümerliler cezaevini ana karnına benzetmişler,
oradan çıkanların, yeni doğmuş bir bebek gibi
temiz olacağım düşünmüşler.
O yüzden koruyucusu da bir tanrıçaymış.
Ne güzel değil mi?

Bay Murat Kaya,[*]

    Kaynak Yayınları aracılığıyla gönderdiğiniz güzel bir ifade ve güzel bir yazıyla yazılmış uzun mektubunuzu alınca çok mutlu oldum. Oralardan beni, toprak dedeyi ve en önemlisi büyük Atamızı anmanız ne kadar anlamlı. Oraya niçin girdiğinizi bilmiyorum, fakat kitaplarla kendinizi tam aydınlığa kavuşmuş olarak oradan çıkacağınızı anlıyor, inanıyor, çok seviniyorum. Sümerliler, cezaevini ana karnına benzetmişler, oradan çıkanların, yeni doğmuş bir bebek gibi temiz olacağını düşünmüşler. O yüzden koruyucusu da bir tanrıçaymış. Ne güzel değil mi?
    Benden kitap istiyorsunuz. Benim kitap göndermem işlerim ve yaşım yüzünden çok zor. Onun için Kaynak Yayınları'na söyledim. Onlar kitapları gönderecekler. Elinizin altında bir kitaplığın

---

[*] 12.03.2010.

olması ne kadar iyi. Sizin gibi meraklılara iyi bir aydınlanma yolu. Düşünenler sağ olsun, öldülerse rahmet onlara!

Size sağlıklı, mutlu bir aydın olarak oradan çıkmanızı temenni eder, selam ve sevgilerimi yollarım. Sizin gibi olan arkadaşlarınıza da pek çok selamlar.

Muazzez İlmiye Çığ

L- tipi Kapalı Cezaevi
A-7 koğuşu Çorum

~ Eğitime Cinsiyetçi Yaklaşım Üzerine ~

*Sizin ortaçağ düşüncesiyle
bir eğitim kurumunda bulunmanız,
ülkemizin geleceği namına beni
ve benim gibi olanları kokutuyor.
Hocam ne olur, dininizin görevlerini yapmakta özgürsünüz
ama onu başkalarının yaşantısına sokmaya hakkınız
olmadığını, kadınların da sizin gibi bir insan olduğunu
düşünün.*

Prof. Dr. Enver Tahir Rıza,
Buca Eğitim Fakültesi Dekanı,*

Prof. Dr. Enver Tahir Rıza,

Ankara Gazi Üniversitesi 1. Ulusal Sınıf Öğretmenleri Kongresi'nde "aynı öğretmenin 5 yıl boyunca aynı sınıfta öğretmenlik yapmasının olumlu olmadığını" belirtmekte haklısınız. Çünkü eğer öğretmen başarılı değilse ne yazık ki bütün çocuklar başarısız oluyor. Ona karşılık başarılı bir öğretmenin çocukları da başarılı oluyor. Ama araya bir cinsiyet sorunu koymanız ne yazık ki sizin kadınlara cinsiyet yoluyla baktığınızı gösteriyor. Bu da size,

---
* 15.06.2010.

dini *Kur'an*'ın Arapçasını anlamadan okutturduklarından, kendilerine bilgin süsü vermek isteyenlerin yorumlarından kaynaklanıyor olmalı. Eğer Türkçesinden Nur Suresi'nin 30. ayetini okusaydınız kendinizi ona göre ayarlar, kadınları insan olarak düşünür, hep seks makinesi olarak görmezdiniz. *Kur'an*'da o kadar çok ayet var ki, onun okunup anlaşılması ve anlarken aklın kullanılması için. Sizin ortaçağ düşüncesiyle bir eğitim kurumunda bulunmanız, ülkemizin geleceği namına beni ve benim gibi olanları kokutuyor. Hocam ne olur, dininizin görevlerini yapmakta özgürsünüz ama onu başkalarının yaşantısına sokmaya hakkınız olmadığını, kadınların da sizin gibi bir insan olduğunu düşünün.

Selamlarımla.

~ Türbandaki Yeni Hukuksuzluk ~

YÖK Başkanı'nın türbandaki yeni hukuksuzluğuna karşı,
yüzü aşkın üniversite arasında,
büyük bir cesaretle başkaldıran
sizin önünüzde derin bir saygıyla eğiliyorum.

Prof. Dr. Zafer Eren,
Amasya Üniversitesi Rektörü,*

Çok sayın hocam,

Devleti idare edenlerin başlıca görevleri, ülkenin hukukunu korumak olduğu halde ilk önce onların hukuka aldırmadığı bir ortamda, YÖK Başkanı'nın türbandaki yeni hukuksuzluğuna karşı yüzü aşkın üniversite arasında, büyük bir cesaretle başkaldıran sizin önünüzde derin bir saygıyla eğiliyorum.

---

* 15.10.2010.

~ Türk Dünyasından Haberler ~

Çok değerli derginizi alıyor son derece mutlu oluyorum.
Türk dünyasından aldığım haberlere seviniyor
ne geniş ne büyük milletimiz
ve kültürümüz var diyorum.

Sayın Timur Davletov,
TÜRKSOY Yayın Kurulu Üyesi,*

Sayın Timur Davletov,

Çok değerli derginizi alıyor son derece mutlu oluyorum. Türk dünyasından aldığım haberlere seviniyor ne geniş ne büyük milletimiz ve kültürümüz var diyorum. Ben Sümer-Türk bağlantıları üzerinde çalışıyorum. Ne kadar çok bağlantı var şaşıyorum doğrusu. Bilmem benim *Sümer'de Tufan Tufan'da Türkler* kitabımı okudunuz mu? Orada bulduğum bağlantılara yeniler ekleniyor. Bilmem TÜRKSOY üyesi olan devletlerde Sümerliler üzerinde çalışanlar var mı? Sümer, Etrüsk, Türk kültürü üzerinde çalışanları bir araya getirmek için bir merkez kurmayı düşünüyorum ama benim için çok zor.

---
* 01.12.2010.

Derginizde 2011 yılında New York'ta Nevruz kutlanacağını okudum. Nevruz'un kaynağının Sümer'de olduğunu gösteren bir yazım vardı. Uygun görürseniz onu bu konuda kullanabilir, derginizde yayımlatabilirsiniz.

Saygı ve selamlarımla.

~ Sümer Atasözü Kazılı Broş ~

Büyük bir özveriyle yaptırılmış,
çiviyazılarını hatırlatan çizgilerin
ve Sümerlilerin çok değerli iki atasözünün kazıldığı,
hediyeniz olan broşun değeri benim için sonsuzdur.

Pek Sayın Hakan Ateş,*

    4 Şubat Perşembe günü öğle yemeği davetinize teşekkür etmekte geciktiğim için özür dilerim. O gün, sizler gibi değerli kimselerimizi tanımak ve kurumunuzu yakından öğrenmekle, yaşamımın en güzel ve verimli günlerinden birini geçirdiğime inanıyorum. Büyük bir özveriyle yaptırılmış, çiviyazılarını hatırlatan çizgilerin ve Sümerlilerin çok değerli iki atasözünün kazıldığı, hediyeniz olan broşun değeri, benim için sonsuzdur. Onu üzerimde her zaman, ince bir zevkin eseri olarak gururla taşıyacağım. Size ve onun yapılmasında büyük emeği geçen sayın Perihan Hanım'a sonsuz teşekkürler.
    En içten sevgi, selam ve saygılarımla.

---

* 8 Şubat 2011.

~ Gazi Mustafa Kemal Paşa'nın Hayatı Kitabı ~

*Kitabı bulup çevirisini yapan
sayın Prof. Dr. Zekeriya Kurşun'a
ve onun yayımlanmasını destekleyen kurumunuza
sonsuz teşekkürler.*

Sayın Feyyaz Berker,
Tekfen Holding,*

Sayın Feyyaz Berker,
Göndermek lütfunda bulunduğunuz, Arapçasıyla birlikte yayımlanan *Gazi Mustafa Kemal Paşa'nın Hayatı* kitabını alınca ne kadar mutlu olduğumu anlatamam. Kitabı hemen büyük bir merak ve heyecanla okudum... Bildiklerime yeni bilgiler kattı. En önemlisi Atatürk'e küfreden sahte dincilere, Müslümanlar tarafından, savaşların bitiminde sıcağı sıcağına yazılan bu kitap, bir şamar görevi yapacaktır, yapmalıdır diyorum. Kitabı bulup çevirisini yapan sayın Prof. Dr. Zekeriya Kurşun'a ve onun yayımlanmasını destekleyen kurumunuza sonsuz teşekkürler.

---

* 14.02.2011.

Beni dostlarınızın arasına koyup bu değerli eseri gönderdiğiniz için size de ne kadar teşekkür etsem azdır, sağ olun, var olun! En içten selam ve saygılarımla.

Not: Tekfen tarafından hazırlanan çok kapsamlı ve değerli Atatürk ve İnönü takvimleri için de ayrıca teşekkür ederim.

~ Unutturulmakta Olan Atatürk Canlandı ~

*Ülkemizde Atatürk unutulmakta iken
birden canlanmaya başladı. Karşı devrimin ayak sesleri
iyice duyulunca birden insanlarımız uyandı.
Eskiden konuşmalarımda Sümerlilerden söz etmemi
isterlerdi, şimdilerde ise
Atatürk ve Türk Devrimi hakkında konuşturuyorlar beni.
Sizin de Türk dili üzerindeki çalışmalarınız,
söyledikleriniz çok önemli.
Atatürk olmasaydı ne dilimizden ne Türklüğümüzden
haberimiz olacaktı.*

Pek Sayın Prof. Dr. Asım Tariş,*

Uzaklardan gelen bir dost eli insanı ne kadar mutlu ediyor! Özgeçmişinizi bildiren ve ekli olan yazınızı büyük bir merak ve zevkle okudum. Bu kadar değerli olan sizi, ne yazık ki, çok geç tanımış oldum. Atatürk ve Türk dili hakkındaki görüşlerinizde tam birlikteyiz. Ülkemizde Atatürk unutulmakta iken birden canlanmaya başladı. Karşıdevrimin ayak sesleri iyice duyulunca, birden insanlarımız uyandı. Eskiden konuşmalarımda Sümerlilerden söz etmemi isterlerdi, şimdilerde ise Atatürk ve Türk Dev-

---

* 06.04.2011.

rimi hakkında konuşturuyorlar beni. Sizin de Türk dili üzerindeki çalışmalarınız, söyledikleriniz çok önemli. Atatürk olmasaydı ne dilimizden ne Türklüğümüzden haberimiz olacaktı. Fazla abartılı ama bir gün Türk dilinin belki bütün dillerin başı olduğu ortaya çıkabilecek, diyorum.

Bir zamanlar ülkemizden "Beyin göçü oluyor" diye söylenenler vardı. Ben de onlara "Varsın göçsünler, sonunda yine ülkemize yararlı olurlar" diyordum. Hiç de yalan çıkmadı. Sizin gibi birçok tanıdığım hem bulundukları yerde ya kendi kültürümüze ait kürsüler kurarak veya ülkemizi tanıtarak, şu ve ya bu şekilde ülkemize de yararlı olarak beyin göçünün ne kadar önemli olduğunu kanıtlıyorlar. Bunlar arasında fire verenler de yok değil ama olacak o kadar! Keşke Atatürk'ten çok önce başlasaydı bu göç de, Avrupa da Türkler hakkında bu kadar önyargılı olmasaydı diye düşünüyorum.

Ben de Atatürk'ün istediği doğrultuda Sümerlileri halkımıza yeterince tanıtmaya çalıştım. Bu çalışmalar arasında Sümerlilerle Türkler arasında kelime bağlantısı dışında birçok kültürel bağ buldum. Bunları yazıyorum. Sümerce-Türkçe fonetik ve anlam bakımdan aynı olan pek çok kelime bulundu. Çeşitli ülkelerde yapılmış bu tür çalışmaları da bir araya topluyorum. Dil için bir Türk etimologuna gerek var. Yapılan bazı gramer karşılaştırmaları da bulunuyor. Bunların hepsi birleşince Sümerlilere en azından Türklerin bir kolu diyebileceğiz.

İtalya'da Prof. Dr. Mario Alinei, Etrüskler üzerinde çalışıyor ve onların Türk olduğunu söylüyor. Bu bağlamdaki *Etrusco: Una Forma Arcaica Di Ungherese* adlı kitabını bana gönderdi. Birkaç kitapçıya yayımlamaları için önerdim. Bilmem yapacaklar mı? Sizin bu şahsı tanımanızı isterdim.

Size uzun bir mektup yazdım. Sıkılmayacağınızı umut ediyorum. Bana gösterdiğiniz ilgi için candan teşekkür eder, saygı ve selamlarımı sunarım.

~ Batılılar Türkleri Hep Barbar Tanıttılar ~

Haklısınız, Batılılar Türkleri hep barbar tanıttılar. İşlerine öyle geldi. Ama ne yazık ki, Atatürk'e gelinceye kadar biz Türkler de bu konuda çalışıp onları çürütecek yayınlar yapamadık.

Sevgili Kızım Filiz Tuzcu,*

28 Ağustos tarihli uzun mektubunuzu yeni aldım. Çünkü iki buçuk aydan beri Mersin'deydim. Yazılarınız beni çok mutlu etti. Arkamdan yeni bir gelen daha var diye sevindim. Hakkımda yazdıklarınıza çok teşekkürler, elimden geleni yapmaya, o büyük insan Atatürk'ün açtığı yolda yürümeye çalıştım ve 97 yaşıma rağmen yürümeye çalışıyorum. Buna karşılık uğraşılarımın boşa gitmediğini, arkamda beni izleyenin ne kadar çok olduğunu görerek son derece mutlu oluyorum.

Haklısınız, Batılılar Türkleri hep barbar tanıttılar. İşlerine öyle geldi. Ama ne yazık ki, Atatürk'e gelinceye kadar biz Türkler de bu konuda çalışıp onları çürütecek yayınlar yapamadık. Hâlâ içimizde bu konuya dudak büken, Batılılarla bir düşünen, sözde bilim insanımız var. Onları yola getirmek için belgeler ortaya koyarak çalışmalar yapmamız gerek. Son yıllarda böyle çalışmalar yapıl-

---
* 15 Eylül 2011.

makta. Son olarak elime gelen Sinan Meydan tarafından yazılmış *Atatürk ve Türklerin Saklı Tarihi* kitabı bu konuda yapılan çalışmaları bir araya getirmesi bakımında çok önemli. Sizler de bu çalışmalara yenilerini ekleyebilirsiniz. Önünüz açık, yapacak iş çok. Çalışın, çalışın! Bu yolda size sonsuz başarılar dilerim.

Sevgilerimle.

~ Sümeroloji Bölümünde Sümerce Okutulmuyor ~

Sümeroloji bölümünden bazı gençlerin bana "Bölümümüzün adı Sümeroloji olduğu halde neden yalnız Akadca okuyoruz?" diye sorular geliyor, ben de hocalarınıza sorun diyorum, ama üzülüyorum da... Adı Sümeroloji, Sümerce okutulmuyor.

Sayın Prof. Dr. Rahmi Er,[*]
Sayın hocam!
Çorum'da yapılan son Hititoloji Kongresi'nin bildirilerini içeren iki kitap bana gönderilmiş. İstanbul'da bulunmadığımdan, kitabın paketi de yırtılarak atılmış olduğundan, teşekkür etmem için kimin tarafından gönderildiğini bilemedim. Ancak bunları bana sizden başka kimsenin göndermeyeceğini düşünerek size teşekkür etmeye karar verdim. Hititoloji alanında yeni çalışmaları öğrenmemi sağlayan bu eserler için elimde olmayarak teşekkürde geç kaldım, kusuruma bakmazsınız herhalde.

Bu vesileyle sizin samimiyetinize güvenerek bir konuyu bildirmek istiyorum. Sümeroloji bölümünden bazı gençlerden bana "Bölümümüzün adı Sümeroloji olduğu halde neden yalnız Akadca okuyoruz?" diye sorular geliyor, ben de hocalarınıza sorun di-

---
[*] 19 Ekim 2011.

yorum, ama üzülüyorum da... Adı Sümeroloji, Sümerce okutulmuyor. Yalnız bunun nedeni herhalde bizim zamanımıza dayanıyor. O zaman Prof. Dr. Landsberger bizlere birkaç satırı geçmeyen Sümerceye karşılık Akadca öğretmişti. O zamanlar Sümerce henüz başlangıç halindeydi ve bugünkü gibi ne grameri ne sözlükleri ne de transkripsiyonları, kopyalarıyla birlikte tercüme edilmiş metinler vardı. Bugün yığınlarla Sümer edebi metinleri yayımlanmış durumda. Her gün yeni çalışmalar ortaya çıkarken Türklük için son derece önemli olan Sümerce üzerinde durulmadan, üç dört nesildir aynı programı uygulamanın nedeni belki fakültenin bu çalışmalar için gerekli yayınları temin edememiş olmasıdır. Halbuki üniversite kontenjanından isteyen arkadaşlar, bir iki senelik Sümerce için yurtdışına bile gönderilebilir diye düşünüyorum.

Atatürk, okuduğu kitaplara göre, Sümerlilerin Türklerle yakın ilişkisi olabileceğini düşünerek bu konuda araştırmacılar yetişmesi için, dışarıda Asuroloji olan bölümün adını Sümeroloji koydurmuştu. Son yaptığım çalışmalarda Sümerlilerle Türkler arasında yer adları, destanlar ve özellikle efsaneler bakımından büyük bağlar bularak yazıya geçirdim. Bunlara ek olarak dil bakımından da pek çok bağlantı var. Hepsi bir kitap halinde yayımlanacak. Bütün bunlara göre Sümerliler Türklerin bir kolu olarak ortaya çıkıyor. Belki daha başka bağlantıları bulanlar da olacak. Aslında bu çalışmalar, Sümeroloji bölümünden beklenirdi

Atatürk'ün istediği doğrultuda yazdığım kitaplarla ülkemizde bir Sümer merakı başladığını, her gün bu konuda karşılaştığım sorularla anlıyor, mutlu oluyorum.

Bu arada okuduğum dış kaynaklı yazılarda Etrüsklerin, DNA araştırmalarına göre, hayvanlarıyla birlikte Anadolu'dan İtalya'ya gittiği, dillerinin Türk dili olduğu kabul ediliyor. Belki fakültemizde bir Etrüskoloji bölümü de açılabilir.

Uzun bir mektup oldu. Samimiyetinize güvenerek yazdım bunları. Kitaplar için tekrar teşekkürlerimle en candan saygı ve selamlarımı sunarım.

~ Sümerce ile Türkçenin Benzerliği Üzerine ~

Siz 345 Sümerce kelimenin
Türkçe olduğunu kanıtlıyorsunuz. Çok önemli.
İran'da Yüksek Mimar Arif Esmail Esmailinia'da
bu konuda çalışıyor ve bana çalışmalarını gönderiyor.
Sizinle tanışmasını isterim.

Sayın Üstadım Roshan Kheyavi,[*]

Gönderdiğiniz kitapları ve uzun mektubunuzu aldım, çok sevindim. Hastalığınıza çok geçmiş olsun. İnşallah daha iyisinizdir. Kitabınız, bana gönderdiğiniz kopyadan değişik. Bu kitap tamamıyla Sümerce-Türkçe sözlük olmuş. Yalnız Farsça bilmediğim için, okuyorum ama anlayamıyorum. Çok önemli yazılar var içinde. Burada bir Farsça bilen arayacağım. Siz 345 Sümerce kelimenin Türkçe olduğunu kanıtlıyorsunuz. Çok önemli. İran'da Yüksek Mimar Arif Esmail Esmailinia da bu konuda çalışıyor ve bana çalışmalarını gönderiyor. Sizinle tanışmasını isterim. O ayrıca bulunca efsane bağlantılarını da gönderiyor. Ben de Sümerler ile Türkler arasında, yer adları, destanlar, efsanelerle pek çok bağlantı bulup yazdım. Onun arkasına dil karşılaştırmaları yapanların çalışmalarını da koyacağım. Sizin ilk karşılaştırmayı alıyordum. Bu kez

---

[*] 16.11.2011.

onu bırakıp müsaadenizle bu defa hepsini alacağım, sizin adınız altında olacak kuşkusuz.

Persepolis kitabesinin Elamca denilen kısmını Türkçe okudunuz herhalde, bu çok önemli. Siz hangi Sümer sözlüklerinden yararlanıyorsunuz? Bende hepsi kitap şeklinde çıkarılmış olarak var. Buraya gelme durumunuzu ayarlayacağım. Bir üniversitenin misafirhanesini bulmaya çalışıyorum. O zaman yatacak yer parası vermezsiniz. Benim yayınevinden davet mektubu alabilirim. Biraz bekleyeceksiniz yalnız.

Kitabımı Farsçaya çeviren beye ben de teşekkür yazdım. Kitabın çevrilmesine çok sevindim. Bu ikinci kitabım, Farsçaya çevrilen. Tekrar kitaplara teşekkür eder, saygı ve selamlarımı sunarım.

~ Atatürk'ün Bütün Eserleri ~

Bu çok önemli ve de büyük sorumluluk içeren işe gönül koyup başarıyla tamamladığınız için sizi ve bütün ekibinizi candan kutluyorum. Ülkemize sonsuz değerde bir eser kazandırdınız. Halkımız size daima teşekkür edecektir.

Sayın Şule Perinçek,
Atatürk'ün Bütün Eserleri Genel Yayın Yönetmeni,*

Pek Sayın Şule Perinçek,

Bugün gözyaşlarımla, Atatürk'ün yaşamının son günleriyle tamamlanan 30. cildin düzeltmelerini bitirdim. Son zamanlarda gözlerimdeki problem yüzünden atladığım yerler oldu ise üzüleceğim, mazur görmenizi rica ederim.

Bu çok önemli ve de büyük sorumluluk içeren işe gönül koyup başarıyla tamamladığınız için sizi ve bütün ekibinizi candan kutluyorum. Ülkemize sonsuz değerde bir eser kazandırdınız. Halkımız size daima teşekkür edecektir.

---

* 26.05.2011.

Bu kutsal işte beni de görevlendirdiğiniz için size ne kadar teşekkür etsem azdır, var olun, sağ olun!
En derin saygılarımla.

~ Ordusu Güçlü Olmayan Milletin, Düşman Sınırındadır ~

Bundan 4.500 yıl önce Sümerliler
"Ordusu güçlü olmayan milletin, düşman sınırındadır" demiş.
Etrafımız düşmanla dolu. Herkes birbirinin gözünü oyacak.
Onun için ordumuzu güçsüzleştirmeye çalışıyorlar.
Ne yazık ki, içimizdeki cahiller veya hainler çocuklarının
ileride köle olmasına aldırmayarak onlarla bir oluyor.
O ordu sayesinde köle olmaktan kurtulup
Cumhuriyet'i kurduk.

Sayın ve Sevgili Şule Perinçek,[*]

Bu mektubu yazmakta çok geç kaldım ama kalbim ve beynim emin olun hep sizlerle. Ulusal Kanal'a, *Aydınlık* dergisine, hele oğlunuz Mehmet Perinçek'e yapılanlar bence tam bir devlet terörü. Bütün devrimi yaşayan ben, böyle bir hukuksuzluk görmedim. Hele Atatürk'ü diktatör olarak suçlayanlara sesleniyorum onun zamanında böyle bir hukuksuzluk olmadı. Suçlarının ne olduğu bilinmeyen bunca değerli insanımız hapislerde çürüyor. Bazı gazete yazarlarının orduya yapılanların demokrasi yolu olduğunu yazıyorlar da, neden faşistliğin en büyük belirgesi olan suçsuz kimselerin hapislere konmasını görmüyorlar? Ama şunu da dü-

---
[*] 03.09.2011.

şünemiyorlar, devran birden ters dönebilir, o zaman nereye kaçacaklarını bilemezler.

Bundan 4.500 yıl önce Sümerliler "Ordusu güçlü olmayan milletin, düşman sınırındadır" demiş. Etrafımız düşmanla dolu. Herkes birbirinin gözünü oyacak. Onun için ordumuzu güçsüzleştirmeye çalışıyorlar. Ne yazık ki, içimizdeki cahiller veya hainler çocuklarının ileride köle olmasına aldırmayarak onlarla bir oluyor. O ordu sayesinde köle olmaktan kurtulup Cumhuriyet'i kurduk. Onu küçümseyenler, bugünkü durumlarını o ordu sayesinde elde ettiler. O orduyu düzenleyip ona can veren, halkıyla onu bütünleştirip dört tarafımızdaki düşmanları sindiren ve sonra da büyük bir kültür reformu yapıp insanlarımıza çağdaşlığın yolunu açan Mustafa Kemal olmasaydı, o bindikleri dalı kesmeye çalışanlar kim bilir hangi gâvurun piçi veya uşağı olurdu. Camiler kilise veya depo yapılır, ezan yasaklanırdı.

Atatürk'ü, ona imansız diyenlerle, laikliği dinsizlik olarak kabul edenlerle karşılaştırıyorum da Atatürk'ün onlara göre tam imanlı bir kimse olduğunu görüyorum. O halkına karşı yalan söylemedi, onu uyduruk laflarla kandırmadı. Her yapacağını şehir şehir dolaşarak halkına anlattı, onları inandırdı, sonra kanunlaştırdı. Hiçbir zaman en yakın arkadaşı bile olsa kanunsuzluk yaptığında onu korumadı, devlet kesesinden hiç yemedi. Kendi parasıyla kör cahil halkına çağdaş tarımı, tarım ürünlerinin değerlendirilmesini öğretmek için en kullanılamaz denilen yerlerde çiftlikler kurdu, içlerini tarımla ilgili fabrikalar atölyelerle donattı. Sonra da onları ve başka sahip olduklarının hepsini milletine, devletine bıraktı. Hiç yandaş edinmedi.

Onun dinimize en büyük hizmeti, *Kur'an-ı Kerim*'i Türkçeye çevirtmesi oldu. Böylece hoca geçinenlerin *Kur'an*'da şu var, bu var, diye yalan yanlış bilgilerle halkını aldatmasını önlemek, herkes dinini kendisi okuyarak öğrensin istedi.

Ama ne yazık ki, onun ölümünden sonra hemen bu yalancı yobazlar canlandı. Örümcek kafalı siyasetçiler de onlardan yararlanmaya kalktılar ve böylece Türkçe *Kur'an*'ı bırakarak Köy Enstitüleri yerine koydukları *Kur'an* kurslarıyla sevgili gençlerimizi yalan yanlış bilgilerle çağdışı yetiştirmeye başladılar. Böylece birbirine karşı üç sınıf oluşturdular. *Kur'an* kurslarına, İmam Hatiplere gidenler dinli ve gitmeyenler dinsiz, bir de erkekler ve kadınlar... Evet erkek, kadın ayrılmaya başlandı ve kadınlara yapılan işkence ve öldürme gün geçtikçe artmakta. Ben bugüne kadar hep erkeklerle kardeş, arkadaş yaşadım, zamanı geldi hiç tanımadığım bir erkekle yan yana, omuz omuza oturdum, hiçbir kötülük görmedim, ama yeni yetişen sözde dindar erkekler kadına gözleriyle bakamıyorlar, hep alt kısımları görüyor onlar. Halbuki *Kur'an*'da buna ait bir ayet de var erkekler için "Gözlerinizi sakının" diyor. Ama *Kur'an*'ın Türkçesini okumadıkları için bilmiyorlar herhalde. Okusalardı, dindar geçinenlerin çalmamaları, çalanları korumamaları, iftira atmamaları, yalan söylememeleri gerekirdi. Halbuki bunları ne yazık ki, devleti idare edenler de yapıyor, haksızlık, hukuksuzluk, kanunları hiçe saymak onlarda. İmam ne yaparsa cemaat onu yaparmış, bu durumda halktan nasıl dürüst ahlak beklenir?

Sevgili Şule Hanım! Sözde size mektup yazacaktım. Birden yolumu şaşırıp içimdekileri dökmeye başlamışım. Ne olur hoş görün beni! İçim dolu, yüreğim yanık. Sizler kim bilir nasılsınız? Ama bütün bu olanlara rağmen sizin dimdik duruşunuz, yüzünüzdeki o tatlı tebessüm bana moral veriyor. Sağ olun, var olun! Yakın zamanda sağlıkla sevdiklerinize kavuşmanız dileğiyle en içten saygı, sevgi ve selamlarımı sunarım

~ Ermenileri Kesmişiz! ~

Sözde Turgut Özal eski diplomat Muharrem Nuri Birgi'ye Ermeni tehcir arşivini temizlemesini söylemiş. O da arşivi temizledikten sonra sahafta akşamları oturup gelip geçenlere "Azizim vaziyet felaket, adamları felaket kesmişiz azizim, hiç sormayın" diyormuş. Bunu duyan biri de Halil Berktay'a söylemiş, o da bunu Amerikan konsolosu David Anett'e anlatmış (Taraf, 13 Eylül 2011). Duruma bakın, bir tarih profesörü falan kişinin söylediği, filan kişinin duyduğu bir lafı duyarak bir Amerikan elçisine aktarıyor ve de Ermenileri felaket kesmişiz diye...

Prof. Dr. Halil Berktay'a,[*]

Sabancı Üniversitesi Tarih Profesörü Halil Berktay'ı, iki yıl önce "Hıristiyanların Noel bayramının Türklerdeki Çam Bayramı" olduğunu söylediğim zaman, hiç araştırıp sormadan benim bunu uydurarak tarih televolesi yaptığımı söylediğinde tanımıştım. Kendisini, kaynağını göstererek yanıtlamıştım. İkinci kez verdiği bir konferansta Çanakkale Savaşı'nda Atatürk'ü ikinci üçün-

---

[*] 21 Eylül 2011.

cü derecede bir kişi olarak gösterdiği yazıldı. Ona da, o savaşta Atatürk'ün kumanda ettiği askerlere, kendisinin nasıl yenildiğini anlatan bir İngiliz kumandanının yazılarını göndermiştim. Buna karşılık hiç de tutarlı olmayan bir savunma yapmıştı... Bana eksik olmasın iki kitabını da gönderdi. Onları okudukça çok iyi bildiğim konularda, ne kadar tek taraflı yazmaya gayret ettiğini fark ettim ve okumaktan vazgeçtim. 17.09.2011 tarihli Odatv'den gelen bir yazı tekrar bunu yazmaya beni zorladı. Bir kere anlatılan olayın bir tarih araştırıcısının kaleminden, ağzından çıkması son derece acı ve üzücü. Sözde Turgut Özal eski diplomat Muharrem Nuri Birgi'ye Ermeni tehcir arşivini temizlemesini söylemiş. O da arşivi temizledikten sonra sahafta akşamları oturup gelip geçenlere "Azizim vaziyet felaket, adamları felaket kesmişiz azizim hiç sormayın" diyormuş. Bunu duyan biri de Halil Berktay'a söylemiş, o da bunu Amerikan konsolosu David Anett'e anlatmış (*Taraf*, 13 Eylül 2011). Duruma bakın, bir tarih profesörü falan kişinin söylediği, filan kişinin duyduğu bir lafı duyarak bir Amerikan elçisine aktarıyor ve de Ermenileri felaket kesmişiz diye... Bu nasıl bir tarih araştırıcısı, bu nasıl profesörlük? Demek ki kendisi bu konuyu hiç araştırmadı, yazılanları hiç okumadı. Eğer biraz ilgilenseydi son zamanlarda hem Türkçesi hem İngilizcesi yayımlanan, pek çok kişiye, kurumlara, dış ülkelere dağıtılan *Soykırım Tacirleri ve Gerçekler* kitabını görür, karıştırır, hem bir bilimsel araştırmanın ne demek olduğunu anlar (anlama kabiliyeti varsa) hem de tehcirin neden nasıl olduğunu öğrenirdi. Bu kitabın şu son günlerde çok güzel kısaltılmış özeti de yayımlandı. Yazarı, Şükrü Server Aya. Kendisi tüccar. Ona rağmen değme bilim insanlarına taş çıkartacak bir eser meydana getirdi. Bütün dış kaynaklara dayanılarak yazılmış. İşin ilginç yanı, bu soykırım laflarının ne kadar uydurma olduğunu bilen ve inanan hakiki dost olan Ermeniler bu kitaba büyük ilgi göstererek kendileri ırkdaşlarına dağıtıyor. Ve bizim çocuklarımızı bilgilerine emanet ettiğimiz bir profesöre bakınız! Dahası da var. Bu konuların nasıl patladığını, nasıl sürdüğünü bunların hukuksal durumlarının nasıl kapandığını anlatan *Ermeni Talepleri ve Türkiye'nin Hakları* kitabının da Ermeni konusunu ağzına alan bir tarih profesörü tarafından okunmamış olması şaşılacak gibi. Kitabı yazan, Avukat Gülseren Aytaş. O da akademisyen değil, ama birçok akademisyene taş çıkartacak kadar bilimsel kaynaklara dayanarak yazmış kitabını.

Nedir bu profesörün ve onun gibi olanların bu ülkeye yapmak istedikleri? Bu gemide hepimiz varız. Eğer 1923'te ülkenin düşmanlardan kurtulmasının arkasından tarihte görülmemiş bir devrim yapılmasaydı, o düşmanlar aynı şekilde ülkeyi ele alacaklardı. Şimdi mevki sahibi olup bol bol büyüklük taslayanlar, kim bilir hangi gâvurun piçi veya uşağı olacaklardı. O devrim sayesinde bugünlere gelebildiniz. Yatıp kalkıp bunları yapmayı başaran Atatürk, arkadaşları ve onların yanında, bunları bütün içtenlikle kabul eden hakiki vatanperver Türk halkına büyük teşekkür borçlusunuz. Eğer hakiki Türk olan halk bunları kabul etmeseydi, devrimler hemen yıkılırdı. Sizler o halktan değilsiniz herhalde, nasıl ki o zaman da sizin gibiler vardı, sonra canlarını kurtarmak için yalamadıkları kıç kalmadı, kaçacak delik bulamadılar. Olacağına bakalım!

~ Devrimimizin Çocuğu ~

O da devrimimizin çocuğuydu.
Onunla ülkemizde Sanat Tarihi dersleri başladı.
Türk sanatının ortaya çıkmasında emeği çok oldu.
Üniversitede dersler vererek yeni sanat tarihçileri yetiştirerek, kitaplar yazarak, emekli olduktan sonra da bıkmadan yorulmadan konuşmalar yaparak başlangıçta sanatın ne olduğundan haberi olmayan milletimize, sanatı öğretmeye çalışmış, öğretmiş, devrimimize en büyük hizmeti yapmıştır.

Prof. Dr. Oktay Aslanapa için,*

Sevgili arkadaşımız, yaşdaşım Prof. Dr. Oktay Aslanapa'nın vefatına çok üzüldüm. O da devrimimizin çocuğuydu. Onunla ülkemizde Sanat Tarihi dersleri başladı. Türk sanatının ortaya çıkmasında emeği çok oldu. Topkapı Sarayı'nda uzun yıllar çalışan ve oradan müze müdürü olarak emekli olan, yakın arkadaşı merhum Kemal Çığ'la ilk olarak Türk sanatı üzerinde birlikte çalıştıklarını, bu sanatın temellerini attıklarını hatırlıyorum. Aslanapa üniversitede dersler vererek, yeni sanat tarihçileri yetiştirerek, kitaplar yazarak, emekli olduktan sonra da bıkmadan yorulmadan konuş-

---
* 2 Nisan 2013.

malar yaparak başlangıçta sanatın ne olduğundan haberi olmayan milletimize, sanatı öğretmeye çalışmış, öğretmiş, devrimimize en büyük hizmeti yapmıştır. Rahmet olsun ona, ışığı bol, adı daim olsun. Acılı ailesine, arkadaşlarına ve meslektaşlarına, devrimimizi destekleyen aydınlarımıza başsağlığı ve sabır diliyorum.

~ Serhat Kestel'in Ardından ~

Evet, insanlar gidiyor,
bıraktılarsa eserleri ölümsüzleşiyor.
Serhatçığım da eserleriyle hep anılacaktır,
ne mutlu ona, ne mutlu bana ki onun gibi bir arkadaşa
sahip olmuştum.

Canım Arkadaşım Serhat Kestel için,*

22 Temmuz 2012, sevgili arkadaşım yazar, şair Serhat Kestel'in vefatını sayın İlhan Gülek'in iletisiyle duydum. Mersin'de olduğumdan, ne hastalığından haberim oldu ne de cenazesine gidebildim. Ailesi torunuma vefatını bildirmiş ama o da benim çok üzüleceğimi düşünerek bana iletmemiş. Buraya geldikten sonra evinden, kızından aramama rağmen oğlunda olduğu için bir türlü ulaşamamıştım. Her konuşmamızda "kimseye yük olmadan" gitmekten söz ederdik. Onun istediği oldu. Darısı bana diyorum.

Serhat'la geç fakat çok yakın arkadaşlığımızın başlamasına, bir gazeteci hanımın sahaflarda bulup yayımladığı, benim 1931 yılındaki kemanlı fotoğrafım ve arkasından benimle yaptığı röportaj neden oluyor. İki çocuğu ve bir torunu müzisyen, kendisi de müzik sevdalısı olan Serhat, kemanlı fotoğrafı görüp, yazıyı

---

* 24 Temmuz 2012.

okuyunca beni tanımak istiyor ve telefonumu gazeteciden alarak, beni gelip buldu. İlk karşılaşmamızda kırk yıllık arkadaş gibi birbirimize ısındık. İkimiz de Atatürk çağının yüksek idealleriyle dolu insanlardık. Her gün ya telefonlaşır ya buluşurduk. Konuşmalarımız hep sanat, dil, zaman zaman da siyaset üzerine olurdu. Son zamanlarda telefonlarımızın dinlenip dinlenmediği konusu ortaya çıktı, ama aldırmadan istediğimizi söylerdik. Kendisi çok iyi ve sevilen bir öğretmendi ki, yaşını başını almış öğrencileri onu ziyarete gelirdi. Bunlar onu son derece mutlu eder, o mutluluğunu benimle paylaşırdı. Zaten her türlü mutluluğumuzu ve mutsuzluğumuzu birbirimizle paylaşmadan edemezdik. Çok iyi kalpliydi. Herkes iyiydi onun için. Hep etrafında sevdikleri olsun isterdi. Son yıllardaki yalnızlığını, Bakırköy'de BAŞAT'taki sanatçılar tarafından gördüğü sıcak ilgiyle giderirdi.

O yalnız öğretmenlikle kalmamış, *Korkunç ve Güzel, Maya, Üç Kardeş* adlı üç roman, *Yaşamdan Damlar, Sonlar ve İlkler* adlı iki şiir kitabı, *Stuttgart* ve *Paris* adlı gezi notları, *Üçüncü Ses, Kurşun Kalem* ve *Cennette Bir Mevsim* adlı üç çocuk öykü kitabı yazmış. Kuşkusuz ben bütün kitaplarını okudum. Romanlarında olayları hiç çekinmeden olduğu gibi yazması, onlara büyük bir ayrıcalık veriyor. O yüzden *Korkunç ve Güzel* romanı bir müfettiş tarafından "müstehcen" bulunarak mahkemeye verildiyse de suçsuz bulundu. Yazılarında Türkçeye çok dikkat ederdi. Etrafındaki nesneleri konuşturan *Üç Ses* çocuk kitabı çok ilginç gelmişti bana... Yalova kaplıcalarının ilk zamanlarından bir kesit veren *Cennette Bir Mevsim* kitabını o kadar sevmiştim ki, iki kez üst üste okudum.

Evet insanlar gidiyor, bırakılırsa, eserleri ölümsüzleşiyor. Serhatçığım da eserleriyle hep anılacaktır, ne mutlu ona, ne mutlu bana ki onun gibi bir arkadaşa sahip olmuştum.

Toprağı bol, yeri aydınlık olsun!

~ Güvenilen Sanatkâr ~

*Size bu satırları yazmaktaki gayem,
vatan ve Atatürk sevgisini bu günlerde bile
hiç korkmadan açıkça gösteren cesur
ve bütün bunların üzerinde Türkiye'de çok sevilen,
sayılan ve güvenilen bir sanatkâr olmanızdandır.*

Çok Sayın Kırca,

21 Ekim 2012 tarihli *Aydınlık* gazetesindeki yazınızı okudum. TGB'li gençleri destekleyen ve onları mutlu eden cümleleriniz dolayısıyla sizi tebrik ederim. Sevdiğimiz Atatürk Türkiye'sini kurtarma umudunun bu gençler olduğu fikrinize, bütün kalbimle katıldığım için bu gençlerin hareketlerine, başından itibaren ablam Sümerolog Muazzez İlmiye Çığ'la destek verdik. Bu gençlere destek verebileceklerin neredeyse bulaşıcı hastalıktan kaçar gibi uzak durmalarına çok şaşırdım. Mesela, bu gençlerin mitinglerde polis gazı veya tekmesine maruz kalmaları yerine benim gibi emekli olmuş yaşlıların mitinglerde ön plana çıkıp hapishanelere atılmaları, gençlik hareketlerine çok daha yardımcı olur düşüncelerimi, yaşlı gruplara kabul ettiremedim. Halbuki sağlığı iyi olan, vatanını seven ve hâlâ bir şeyler yapmak isteyenler, TGB'lilerle büyük işler başarabilirler. (Bu fikir orijinal olarak benden çıkmış değil. Son senelerde ABD'de harpte genç askerlerin yanında sağlıklı emeklilerin de askere alınması düşüncesi çok yayılmaya başladı. ABD'de bile şehit olarak ölmek bir yaşlı için çok şerefli.)

Demokratik yollarla azınlığın hakkını korumak, fişlenen veya hapse atılan bir avuç gençle çok zor. Ordusunun kaymak tabakasının "düşünme" cinayetleriyle uzun seneler hapse girmesinin bile uyandıramadığı en aydın geçinen yazar ve akademisyenlerini uzun vadeli tutuklamalarla susturulmalarına neredeyse memnun kalan meslektaşlarının bulunduğu, birbirlerine ödül vermekten başka ciddi işi bulunmayan yüzlerce sosyal kurumların tam bir apati içinde bulunduğu bir toplum, bu derin "menfaat narkozundan" nasıl uyandırılır? Hele hele ahlaksızlığın, kanunsuzluğun, vatan hainliğinin normal bir hayat şartı gibi göründüğü, böylelerini ceza yerine ödüllendiren bir toplum.

Her gün bu bütün başımıza gelenlerin ABD yüzünden olduğunu duyuyorum. ABD'de uzun süre yaşayan bir insan olarak ABD siyasetinin ana hatlarının kendi çıkarlarına paralel olduğunda hemfikirim. Kafamdaki tek soru harp sonu Almanya'sında uzun seneler yaşayan bir insan olarak harbi yüzde 100 kaybeden bir Almanya'nın nasıl ABD kapitalizminin esiri ve sömürgesi olmadığıdır. Halbuki ABD o zamanlar hiç olmazsa Alman harp, kimya ve çelik sanayilerini ele geçirmek istiyordu. Nasıl oldu da bir dilim ekmek için evlerini kaybeden yahut namusları için kızlarını komşu memleketlere gönderen Almanlar, harbi kaybeden binlerce yüksek rütbeli subaylarını, Nazi menfaatlerini okullara sokan eğitimcilerini ve diğer akademisyenlerini kapitalizme feda etmediler? Acaba Amerikalılar, Almanya'da ABD kapitalizmi menfaatlerini koruyacak taşeronlar mı bulamadı, yoksa Berlin'deki hâkimlerden korkan Almanlar "vatan" haini olmaktan mı kaçındı?

Size bu satırları yazmaktaki gayem, vatan ve Atatürk sevgisini bu günlerde bile hiç korkmadan açıkça gösteren cesur ve bütün bunların üzerinde Türkiye'de çok sevilen, sayılan ve güvenilen bir sanatkâr olmanızdandır. Belki Türkiye'deki emekli gruplarını idare edenlerden bazılarını vatan için demokratik uyanmak lüzumuna ikna edebilirsiniz. Saygı ve selamlarla,

Turan M. İtil, M. D.

~ Hey Vurdumduymazlar! ~

Hepinizin gözünü para bürümüş,
gelmekte olan tehlikenin farkında değilsiniz.
90 yıl önce Cumhuriyet'le elde ettiklerimizin
bir bir elden gittiğini, onlar sayesinde
bugünkü saltanatınızı sürdüğünüzü görmüyorsunuz.

Sabancı'lar, Koç'lar, Holdingler, Üniversiteler, Sendikalar, lar, ler,*

Siz bu memlekette yaşamıyorsunuz galiba. Hiç sesiniz çıkmıyor! Demokrasi diyorsunuz, ama onun gereklerini yerine getirmiyorsunuz!
-Ülke özelleştirme lafıyla parti parti satıldı ve satılıyor. Ses yok!
-10 yıl önce sonu gelen terör şehirlere indi, her gün en az birkaç şehit veriyoruz. İçimiz kan ağlıyor. Kadınlar, çocuklar ağlıyor. Uçaklar, roketatarlarla yüz binlerce masrafa karşılık 10-20 terörist öldürüldüğüyle övünülüyor. Aldıran yok!
-Cephanelikte büyük patlama oluyor. 25 askerimiz ölüyor. Sebebi bir türlü açıklanamıyor. Soran yok!
-Yepyeni bir eğitim programı başlıyor, küçücük çocuklar okula alınıp ilk hedefin Arapça ve *Kur'an* öğrenmek olduğu söyleniyor. Vatan, millet, bilim hepsi bir tarafa atılıyor. Sonunu düşünen yok!

* 05.12.2011.

-Birçok bilimadamlarımız, değerli komutanlarımız, gazetecilerimiz suçsuz olarak yıllarca hapislerde yatıyor. Vicdan yok!
-Ülkemize sığınmacı olarak Suriye'den, Libya'dan eli silahlı insanlar getiriliyor ve bunlar ülkemizde eğitiliyor. Gören yok!
-Komşumuz Suriye'yle savaş eşiğindeyiz. Fark eden yok!
-Büyük bir içsavaşa doğru doludizgin gidiyoruz. Korkan yok!
Bakıyorum hiçbirinizin umurunda değil. Hepinizin gözünü para bürümüş, gelmekte olan tehlikenin farkında değilsiniz. 90 yıl önce Cumhuriyet'le elde ettiklerimizin bir bir elden gittiğini, onlar sayesinde bugünkü saltanatınızı sürdüğünüzü görmüyorsunuz. Her gün yalanla dolanla konuşan, önüne gelene en ağır lafları söylemeye çekinmeyen, ona karşılık kendisinin demokrat olduğunu söyleyen bir devlet başkanına demokrasi gereği neden karşı çıkmıyorsunuz? Bu ülkeye gelecek her kötülükte hepinizin payı var, unutmayın! Bu gemide hepimiz varız. Nasıl böyle sessiz kalıyorsunuz? Yazık olacak bu güzel ülkeye ve bu dinle uyutulan, her türlü sömürüye katlanan güzel halkımıza! 98 yaşındayım ve ömrümün şu son günlerini, yapılan o eşsiz devrimimizin birtakım dinden, paradan yarar sağlayanlar, gâvur dediklerinin ekmeğiyle beslenenler tarafından içine edildiğini görerek, içim yanarak, yüreğim kan ağlayarak geçiriyorum. Bugünleri de çok çok arayacaksınız haberiniz olsun!

~ Türkiye'nin Emeklileri ve Gençleri ~

İmkân olursa Türkiye'nin emekli gruplarından birkaç tanesini kendi saflarınıza katın. Dünyanın, bilhassa hali vakti yerinde olan birçok ülkesinde "devrim" hareketlerine yaşlıların da katıldığı görülüyor. Bu şekilde gençlerin dayak, gaz, su yemeleri ve en önemlisi hapse girmeleri ihtimali azalıyor.

Sayın Çağdaş Cengiz,
TGB Genel Başkanı,*

Kardeşim Cengiz Bey,
Bugün *Aydınlık* gazetesindeki "Bu Daha Başlangıç" yazınızı okuduk, hoşumuza gitti, sizi tebrik ediyor ve bu mektubu yazıyoruz.
Bilmem sizden önceki yönetimlerin raporunda yazılısı var mı? Ablam Sn. Muazzez İlmiye Çığ'ın TGB'ye birinci onursal başkan yapıldığı gün ben de ikinci başkan yapılmıştım. Buna dayanarak ablamla birlikte kaç zamandır konuştuğumuz bir konuyu size de bildirmek istedik. Eğer siz de bunu uygun bulursanız iyi bir eylem olur diyoruz:

---

* 3 Aralık 2013.

1- İmkân olursa Türkiye'nin emekli gruplarından birkaç tanesini kendi saflarınıza katın. Dünyanın, bilhassa hali vakti yerinde olan birçok ülkesinde "devrim" hareketlerine yaşlıların da katıldığı görülüyor. Bu şekilde gençlerin dayak, gaz, su yemeleri ve en önemlisi hapse girmeleri ihtimali azalıyor. Buna karşılık ihtiyarlar için bütün bunlar vatan-millet için yaptıkları dolayısıyla gurur vericidir ve çok ilgi çekiyor. Ablam ile Hayrettin Karaca'nın yaptığı "Çılgın İhtiyarlar" gösterisi ne kadar etkili olmuştu, herhalde hatırlıyorsunuz.

2- Yeni demokratik ve barışçıl eylemler başlarken eylemcilerin elinde çok basit ve çok kısa olarak eylemin birkaç hedefi olmasına gayret etmek, hedefleri pankartlarda göstermek.

Mesela:

1.1. Bilhassa 2000'den sonra (fakat daha öncesi için de) TBMM'den kanun veya "gecekondu" kararnameleriyle geçirilen,

- Dini prensiplere dayalı kararlar,
- Türk insanının günlük yaşamını değiştiren hususlar,
- Hukuk sisteminin geleneğini bozan kararlar,
- Ordu üst düzeyinin geleneğini altüst eden kanunlar,
- Eğitim sisteminin 50 senelik standartlarını bozan değişimlerin derhal eski haline getirilmesi.

1.2. Türk vatanında yaşayanların ırk, din vs. sebeplerle parçalanmasına yol açacak yahut Türk kökenli insanlara bayrak, ay yıldız, milli marşların, milli örf ve âdetlerin, milli bayramların vs. dolayısıyla hakaretamiz muamelelerin derhal durdurulması.

1.3. Vatanın yegâne koruyucusu olan Türk ordusuna yapılan haksızlıkların ve hakaretlerin derhal durdurulması.

1.4. Hapishanelerde suçsuz oldukları kesin olan ve bir yere kaçmaları imkânsız olan yüzlerce aydın, gazeteci ve askerin cezalarının iptali ve yeniden görülecek mahkemeler için sözde mahkûmların tutuksuz olarak yargılanmalarına devam edilmesi.

Halkın meydanlarda, eylemlerde yapacağı bu gibi istekleri zamanla Milli Güç Birliği'ne adapte edip hükümetin programına koyabilir.

Bunlar benim gibi politikada acemi fakat vatanını ve milletini seven bir Türk'ün beyin atıkları. Ne kadarını kullanmak yahut değiştirmek sizlere bağlı.

Yukarıdaki hususlardan bir tanesi bile kabul ettirilebilse bu büyük bir başarı olur.

Sevgilerle,
Prof. Dr. Turan M. İtil
Muazzez İlmiye Çığ

Kopyası: Sayın Doğu Perinçek

~ Ülkemizin Bütün Gençleri! ~

Ey sevgili gençler! Ülkemizin bütün gençleri!
Bu topraklar sizin! Oturduğunuz evi koruduğunuz gibi
vatanınızı korumak en büyük göreviniz.
Kimselere köle olmak istemiyorsanız,
bu topraklardan atılmak istemiyorsanız,
aydınlığı karartanlarla savaşacaksınız,
tarihinizi asla unutmayacak,
onu daha çok öğrenmeye çalışacaksınız.

Sevgili Türkiye Gençlik Birliği'ne,[*]

Bu Cumhuriyet Bayramı'nda en genç üyeniz olarak sizin önünüzde yürüyecektim ama sağlık sorunum dolayısıyla ailem ve etrafım beni bırakmadılar. O yüzden size karşı, elimde olmayarak yalancı çıktım ve çok da üzüldüm. Beni haklı göreceğinize inanıyorum. Bizim en önemli bayramımıza gölge düşürenlere karşı böyle bir eylemi gerçekleştirdiğiniz için sizleri candan kutlarım.

Şu Türkiye topraklarında yaşayan herkes bu Cumhuriyet sayesinde yaşamakta, okumakta, mevki sahibi olmakta, dinini istediği gibi yapmakta olduğunu bilmeli idi. Ne yazık ki, bunu bilemeyenler devletin başına geçtiler. Çağdaşlık yolunda büyük adımlar

---

[*] 28 Ekim 2012.

atan bu ülkeyi, geri götürmeyi, insanlarımızı birbirine düşman ederek bölmeyi, dolayısıyla ülkemizi yabancılara köle etmeyi amaçlayan bir hükümet başımızda.

Ey sevgili gençler! Ülkemizin bütün gençleri! Bu topraklar sizin! Oturduğunuz evi koruduğunuz gibi vatanınızı korumak en büyük göreviniz. Kimselere köle olmak istemiyorsanız, bu topraklardan atılmak istemiyorsanız, aydınlığı karartanlarla savaşacaksınız, tarihinizi asla unutmayacak, onu daha çok öğrenmeye çalışacaksınız. Laiklik olmadan demokrasi olmaz, demokrasi olmadan da insan gibi yaşanılmaz! Bunu da aklınızdan çıkarmayın. Size çok, ama pek çok güveniyorum ve güveniyoruz. Çıktığınız bu önemli yolda başarıyla ilerleyeceğinize inancımız sonsuz. Yolunuz açık, başınız dik olsun sevgili gençler.

~ Partiler TGB'ye Destek Olmalı ~

*Şu ortamda tamamıyla partiler dışında olan,
dört yıldır adım adım izlediğim
ve hiçbir yarar düşünmeden Atatürk yoluna baş koymuş
olduklarına inandığım, Türkiye Gençlik Birliği'ni (TGB)
en büyük güç olarak görüyorum.
Her partinin gençleri onlara katılmalı,
partiler de destek olmalı.*

CHP Parti Okulu Üyelerine,*

Çok anlamlı yemeğinize katılamayacağım için üzgünüm. O gün sayın Özden Toker'in toplantısına gideceğim.

Toplantınızın yeni ve partiye çok yararlı olabilecek bir projenin hayata geçirilmesi için olduğunu duyunca son derece mutlu oldum. Güvendiğimiz, dayandığımız bu parti ne yazık ki, şimdiye kadar hep gençlerden, kadınlardan, daha doğrusu halktan uzak kaldı. Oysaki, temeli halk olmalıydı. Geç kalındı, fakat zararın neresinden dönülse kârdır diyerek, başlayıp yola devam etmek gerek. Önümüzde çok ağır günler var. İçimiz, dışımız düşman dolu. Hepsi ufacık bir hareket bekliyor ayaklanmak için. Devleti idare edenler, halkımızı birleştireceği yerde onu ayırmaya çalışıyor. En

---
* 2 Ekim 2012.

değerli insanlarımız, ordu kumandanlarımız suçsuz yere hapislerde çürüyor. Eğitim bilimden uzak, medrese eğitimine dönüştürülüyor. Şimdi uzun vadeli programlar yanında bu tehlikeleri karşılayacak çareler bulmalı. En iyisi sen ben demeden AKP dışındaki partiler birleşmeli ve ne olursa olsun bir milli güç yaratılmalı diyorum. Ne yazık ki, ortada olan siyasetçilerimiz el ele verecekleri yerde yalnız BEN diyorlar. Bu benlikçilik hem kendilerine hem milletimize büyük zararlar verecek.

Şu ortamda tamamıyla partiler dışında olan, dört yıldır adım adım izlediğim ve hiçbir yarar düşünmeden Atatürk yoluna baş koymuş olduklarına inandığım, Türkiye Gençlik Birliği'ni (TGB) en büyük güç olarak görüyorum. Her partinin gençleri onlara katılmalı, partiler de destek olmalı. Bu desteği İşçi Partisi veriyor, ama yeterli değil. Halkın da desteği gerek.

Davetinize karşılık birkaç satır yazayım dedim, ama öyle doluyum ki bir türlü bitiremiyorum. Nazik davetinize tekrar teşekkür ederken projenizde başarılar diler, en içten saygı ve sevgilerimi sunarım.

~ Bütün Anahtar Sizsiniz ~

*Siz, dünyada eşi az bulunur çok değerli bir annesiniz.
Büyük bir şefkat, sevgi, sabır ve hoşgörüyle "down" olan
evladınızla ilgilenirken eşinizi ve diğer çocuklarınızı
aynı düzeyde tutabilmeniz, onlara aynı heyecanı verdirmeniz
hiç de küçümsenecek gibi değil.
Onlar ne kadar iyi olursa olsun, bütün anahtar sizsiniz bence.*

Sayın ve Sevgili Elçin Tapan,[*]

Ailenizi tümüyle, sevgili Erel'in otuz birinci yaş gününde tanımak mutluluğuna erdim. Çok güzel, neşeli, mutlu bir doğum günü partisiydi. Erel de koca bir delikanlı olarak hepimize sevgiler saçıyordu. Ne yazık ki, henüz *Ben Mutlu Bir Down Annesiyim* adlı değerli kitabınızı bilmiyordum. Lütfedip verdiğinizde büyük bir heyecan, hatta gözyaşlarıyla okudum onu. İnsan ne kadar uzun yaşarsa yaşasın, bilmediği ne kadar çok şey olduğunu öğrendim.

Kendi kendime düşündüm: Böyle bir çocukla yabancı olarak karşılaşsaydım ne yapardım diye. Acırdım, üzülürdüm ama açık söyleyeyim sevgiyle yaklaşamazdım. Sizin o içten, sevgi dolu öğretici yazılarınızı okuyunca kendimden utandım. Siz, dünyada eşi az bulunur çok değerli bir annesiniz. Büyük bir şefkat, sevgi, sa-

---
[*] 5 Ağustos 2011.

bır ve hoşgörüyle "Down" olan evladınızla ilgilenirken eşinizi ve diğer çocuklarınızı aynı düzeyde tutabilmeniz, onlara aynı heyecanı verdirmeniz hiç de küçümsenecek gibi değil. Onlar ne kadar iyi olursa olsun, bütün anahtar sizsiniz bence. Diğer önemli olan da bu kitabı yazarak, böyle bir çocuğun yetiştirilmesindeki zorlukları, bunlara karşı yapılması gerekli olanlar hakkındaki deneyimlerinizi, gittiğiniz uzmanların önerilerini büyük bir özveriyle yazarak bu tür çocukların ailelerine elde edilmesi çok zor bilgileri bir öğretmen gibi vermenizdir. Sizi ve ailenizi candan kutluyorum. Bu gibi çocukları ailelerinden sonraya kalma üzüntüsünden kurtaracak bir "Çocuk Köyü" yapma atılımınızın, istediğiniz gibi sonuçlanmasını bütün kalbimle temenni ediyorum.

Sözümü bitirmeden önce beni ayrıca çok hislendiren şu cümlenizi yazmadan edemeyeceğim: **"Onlar, kötülük yapma duyguları, günahları olamayan kanatsız meleklerdir. Üstleri tozlanmış mücevherdir. Onları keşfedin, tozlarını silkin ve zengin olun!"** Bir de bir okuyucunuzun buna karşı **"Keşke bütün insanlar 'down' olsalardı da dünyada bu kadar kötülük olmasaydı"** sözüne ben de KEŞKE demekten kendimi alamadım.

En içten sevgi, saygı ve selamlarımla.

~ Kalbim ve Düşüncelerim Sizinle ~

Ata'mız yalnız bu ülkeyi düşmanlardan kurtarmakla kalmadı, sanatı başlatarak ülkemizi bağnazlıktan da kurtardı. Türkiye'miz, sayenizde yükselmektedir ve yine sizlerin çalışmalarıyla aydınlanmaktadır.

Ülkemizin Çok Değerli Sanatçıları,*

Bu önemli günde sizlerle beraber olamamaktan dolayı son derece üzgünüm. Ama kabahat doktorlarımda... Buna rağmen kalbim ve düşüncelerim sizlerin emeklerini ve başarılarını gördükçe müthiş bir mutluluk yaşamakta. Çünkü, Ata'mız yalnız bu ülkeyi düşmanlardan kurtarmakla kalmadı, sanatı başlatarak ülkemizi bağnazlıktan da kurtardı. Türkiye'miz, sayenizde yükselmektedir ve yine sizlerin çalışmalarıyla aydınlanmaktadır. Ata'mız eğer ebedi hayatında biraz huzur bulabiliyorsa o da ektiği tohumların sizler sayesinde yeşerdiğini, geliştiğini gördüğünden dolayıdır.

Ülkemizde ve dünyada barış, ancak sanatçılar sayesinde mümkün olabilir. Sizleri kutluyorum.

Başarılarınızın devamını bütün kalbimle diler, saygı, sevgi ve selamlarımı sunarım.

---

* 21 Ocak 2013.

~ Haksızlık Yapanlar Karşılığını Görecekler ~

Sayın ve sevgili komutanlarımız, askerlerimiz!
Size yapılan bu haksızlığın ve zulmün er geç karşılığı gösterilecektir. Ülkemizin çağdaş seviyeye çıkmasını sağlayan Mustafa Kemal Atatürk'ün ruhunun bizlerle olduğuna inanıyorum. Bu inançla sizlere yapılan bu haksızlığın çok geçmeden karşılığını göreceklerdir.

Tutuklu Askerler,*

Dün akşamdan beri üzüntü içindeyim. Kan ağlıyor içim. Nasıl ağlamasın, yeni bir darbe daha! Şanlı ordumuzun çok değerli komutanları, silah arkadaşları uzun hapis yıllarına çarptırıldılar. Suçları, Atatürk'le kurulan bağımsız, laik Türk devletini iç ve dış düşmanlardan korumayı amaç etmeleriydi. Aslında bu onlara verilmiş bir görevdi de.

Çünkü 1923 yılında yıkılan Osmanlı Devleti yerine büyük zaferler sonucu elde edilmiş Türkiye Cumhuriyeti, 15 yıl içinde tarihte görülmemiş işler başarmıştı. O başarıların sonucunda ancak, bugünkü duruma gelindiğini ne yazık ki, örümcek kafalı kimseler idrak edemedi. AKP, Osmanlı Devleti'nin son zamanlarında olduğu gibi, ülkeyi yine gâvur dedikleri yabancıların istediklerine,

---
* 15.07.2013.

daha doğrusu onların yararına göre idare etmeyi, vatan topraklarını paylaştırmayı, irticaı tümüyle geri getirmeyi amaçladılar. İrtica kısaca dini, uydurmalarla hayatın her alanına sokmak, buna uymayanları cezalandırmak. İrticaın en büyük düşmanı da kadınlar. Kadınlar kapanacak, eğitim almayacak, çalışmayacak, evde çocuk doğurup onlara bakacak. İkinci düşmanı sanat. Onlara göre sanatın her çeşidi günah. Bütün bunların yapılmasını engelleyecek şanlı ordumuzun yok edilmesi gerekti, çünkü ordumuz hem halkımızı bu yolda eğitiyor hem ülkenin çıkarlarını koruyordu. Bu yola baş koymuş olanlar etkisiz hale getirilince AKP hükümeti yandaşları büyük sevince kapıldılar. Ama şu asla unutulmasın, hiçbir zorba cezasız kalmıyor tarihte. Çarkın ters dönmesi yakın olabilir. Buna sevinenler, İstanbul'dan Ankara hükümetine taş yağdıranların zafer kazanılınca kaçacak yer bulamadıkları gibi, onlar da bulamayacaklar. Üstelik Başbakan'ın açık bıraktığı kin kapısına da çarpacaklar.

Sayın ve sevgili komutanlarımız, askerlerimiz! Size yapılan bu haksızlığın ve zulmün er geç karşılığı gösterilecektir. Ülkemizin çağdaş seviyeye çıkmasını sağlayan Mustafa Kemal Atatürk'ün ruhunun bizlerle olduğuna inanıyorum. Bu inançla sizlere yapılan bu haksızlığın çok geçmeden karşılığını göreceklerdir. Sizlere, üzüntülü ailelerinize candan sabır diler, saygı, sevgi ve selamlarımı sunarım.

~ Tehlikeyi Görmüyorsunuz... ~
Hadi Silivri'ye

Görünüşe göre önünüzdeki büyük tehlikeyi görmüyorsunuz,
bize gelmez diyorsunuz, ülkemizde olanlarla
birkaç değerli sanatçımız dışında hiçbiriniz ilgili değil.
Görünüyorsunuz, en ufak tepki göstermiyorsunuz.
Hatta Başbakan'ın davetine bayılarak gidiyorsunuz.
Halbuki en büyük tehlike onun elinden hazırlanıyor.
Çünkü bugünkü iktidar doludizgin Atatürk'ün getirdiği
devrimleri yok etmek için çalışıyor.
Bu devrimin en güçlü ayağı olan sanatın da
zaman zaman içine tükürerek, kırdırarak,
mahkemelere vererek tepkilerini gösteriyorlar.

Sinema, Dizi, Tiyatro, Müzik, Resim, Heykel Sanatçılarına,*

    Sizleri gazetelerde, dergilerde neşeli, dünyayı umursamaz halde gördükçe hem mutlu oluyor hem üzülüyorum. Üzülüyorum, görünüşe göre önünüzdeki büyük tehlikeyi görmüyorsunuz, bize gelmez, diyorsunuz, ülkemizde olanlarla birkaç değerli sanatçımız dışında hiçbiriniz ilgili değil. Görünüyorsunuz, en ufak tepki göstermiyorsunuz. Hatta Başbakan'ın davetine bayılarak gidiyorsunuz.

---

*   01.10.2012.

Halbuki en büyük tehlike onun elinden hazırlanıyor. Çünkü bugünkü iktidar doludizgin Atatürk'ün getirdiği devrimleri yok etmek için çalışıyor. Bu devrimin en güçlü ayağı olan sanatın da zaman zaman içine tükürerek, kırdırarak, mahkemelere vererek tepkilerini gösteriyorlar. Sizlerin, giyiminize, erkek kadın arkadaşlığınıza, yaşam tarzınıza ne kadar diş biliyorlar, sizleri ortadan kaldırmak için nasıl zemin hazırlıyorlar, bilseniz! Biraz bakın etrafınıza!

- Ordumuzun en yüksek ve değerli kumandanları suçsuz olarak en ağır cezaya çarptırıldılar. Niçin?
- Yıllarca gazetecilerimiz, bilimadamlarımız, askerlerimiz suçsuz olarak tutuklular. Niçin? Çünkü onlar büyük devrimimizin savunucuları, bekçileri oldukları için. Sizlerin toplanıp onları savunmanız, onları ziyarete gitmeniz, onlara moral vermeniz gerek değil miydi?
- Kars'ta ünlü heykeltıraşımız tarafından yapılmakta olan muhteşem ve çok anlamlı bir heykelin, ucube damgasıyla kırdırılmasında bütün sanatçıların ayağa kalkması, protesto yürüyüşleri, toplantıları yapması gerekirdi. Çıkan birkaç cılız ses, ne yazık ki ona engel olamadı.
- Topraklarımız yabancılara satılıyor, terör şehirlere indi, her gün boşu boşuna şehitler veriyoruz. Aldıranınız yok!
- Eğitim çığırından çıktı. Küçük çocukların din adı altında sizlere düşman yetişmesini sağlayacak. İmam Hatiplerle bu yapılıyor zaten. Oradan çıkanlar ne yazık ki kız erkek arkadaşlığını bilmeden, mayolu kadın resminden etkilenen babaları gibi, her kadını bir seks aleti olarak görecekler. İmam Hatipten çıkanların karılarının başları, gözleri bağlı. Yarın bu bütün kadınlarımıza yavaş yavaş, sonra da sopayla tatbik edilecek. Ne yazık ki, en çok zarar görecek sizler olacaksınız.
- İmam Hatip eğitimiyle, sanat yetenekli yüzlerce gencimizin yetenekleri yok oluyor. Benim içim yanıyor. Bilmem sizlerin aklınıza geliyor mu?

- Devrimlerin en güçlü temeli sanattır. Bunu bilen büyük insan Mustafa Kemal Atatürk, bütün sanatların günah kabul edildiği bir ortamda, ilk olarak sanata ve sanatçıya önem vererek onların yetişmesi için okullar açtırdı, yetenekleri ortaya çıkanları dış ülkelere gönderdi. Resim, heykel müzeleri kurdurdu. Bu o günler için sanatta atılan ne büyük bir atılımdı! O günden bugüne (tarihte çok kısa süre) her dalda dünya çapında sanatçılarımız yetişti. Bütün Avrupa'nın 400 yıl önce başlattığı Rönesans'la, o zamandan beri yetiştirdiği sanatçıları, bizim kısa zamanda yetiştirdiklerimizle karşılaştıracak olursak, çok büyük başarı elde edildi derim.

- Geçenlerde Antalya'da yapılan filmciler ödül törenini, hiç ilgim olmadığı halde, başından sonuna kadar izledim. Koca salon sanatçılarla doluydu. Ödül alanlar kadın, erkek oyuncular, senaryo yazanlar, yönetmenler, film müziği yapanlardı. İçlerinde daha tiyatrocularımız yoktu. Onları gözlerim yaşararak izledim, gururlandım. 90 yıl önce bunların hiçbiri yoktu ülkemizde, hepsi "günah"tı. Afife Jale adında tek bir kadınımız tiyatro sahnesine çıktı diye nerede ise kadını öldüreceklerdi. Büyük Atatürk bütün bu yasakları kaldırarak sizlerin bugünlere gelmenizi sağladı. Sizlerin de bunun değerini bilip bugünkü idarenin yanlışlıklarını görmenizin, tepkilerinizi göstermenizin, yıllardan beri suçsuz olarak tutsak yatan değerli insanlarımızın bulundukları yere koşmanızın hem kendiniz hem bizi bugünlere getiren devrimlerimiz hem de ülkemizin geleceği adına çok yararlı olacağına inanıyorum. Haydi Silivri'ye!

~ Heykel Ödülü ve Mehmet Aksoy ~

*Kanımca bu ödülü tam anlamıyla hak eden,
ülkemizin en büyük heykel sanatçısı sayın Mehmet Aksoy'dur.*

Aydın Doğan Vakfı Sayın Yetkililerine,*

Öğrendiğimize göre 2008 yılı Aydın Doğan Ödülü bir heykel sanatçısına verilecekmiş. Çok sevindim. 80 yıl önce din baskısı yüzünden ne heykelden ne sanattan haberimiz vardı. Şimdi bile ülkeyi idare edenlerin, ellerinden gelse aynı nedenle yasaklayabilecekleri bu sanata değer vererek ödüle uygun gören Aydın Doğan Vakfı yetkililerini candan kutlarım.

Kanımca bu ödülü tam anlamıyla hak eden, ülkemizin en büyük heykel sanatçısı sayın Mehmet Aksoy'dur. O, yalnız ülkemizde değil, dünyada çok değerli eserleriyle ün yapmış, yapıtları müzelerde kabul görmüş bir sanatçımız.

Onu bu ödüle aday göstermekten büyük bir mutluluk duyuyorum.

En içten saygılarımla.

---

* 25.02.2008.

~ Bay Obama ~

*Büyük şansımız sizinle çok iyi "dost" olan
bir Başbakan'ımız var. Kendisi çok dindar,
iyi bir aile babası, zeki, çalışkan, hırslı
ve her şeyin üzerinde açıkgöz bir zat.
Fakat maalesef, Türkiye'nin Harlem'inden gelmesi
ve fakat Harvard'a gidemediğinden
yetişme tarzının sonucu olan kafasını değiştirememiş.*

Sözcü Gazetesi Tokmak Köşesi,

Sayın Tokmak,

Bugünkü "Altın Öğütler" makaleniz çok güzel ama maalesef Bay Obama'nın anlayabilmesi zor. 50 sene üzerinde Amerika'da kalıp matbuatı takip eden ben bile, Cemil Ünlütürk'ün tavsiyelerini ilk okuyuşta anlayamadım. "Teröristlerin ihtiyacını sağlayın", "Parlamentoya sokun", "Onlarla müzakere edin" vb. gibi bizim köşe yazarlarının Türk halkı için etkili ve yazarlar için bir dava açıldığı takdirde hukuki bir avantaj sağlayan "Negatif üslup, genel olarak politika yapamaz" denen ve her şeyi direkt söylemeye alışan vasat Amerikalıların anlayacağı bir lisan üslubu değil. Böyle bir yazıyı okuyan Amerikalılar "Yüzünün sağına tokadı yersen, solunu göster" mealinden ultra-liberal birisinin müspet ve sulh yoluyla teröristleri adam etmeyi tavsiye ettiğini düşünebilirler. Halbuki Amerikalıların gizli kamplarda 10 Eylül teröristlerinin yaptıkları muameleler, Libya'da çölün ortasında Kaddafi'nin ailesini, Afganistan'da Usame Bin Ladin'i ve ailesini toptan yok etmeleri "Pozitif reenformans"dan çok uzak bir kan davasının korkunç sonunu, terörizmde kullandıklarını gösteriyor. Bundan dolayı Obama'ya yapılacak tavsiye takriben şöyle olmalıydı:

"Muhterem Obama! Memleketiniz, bir azınlık terörizmi çıkmadan 60 sene önce beyazlarla otobüse bile bindirilmeyen siyah atalarınızın torunu olan sizi başkan yaptı, beyaz saraya koydu ve dünyanın en kuvvetli politikacısı durumuna getirdi. Biz haçlı seferlerinden beri emperyalist güçler tarafından yeryüzünden kaldırılmaya çalışılan ve sizler için uzayda gibi bir ülkeyiz. Büyük şansımız sizinle çok iyi "dost" olan bir Başbakanı'mız var. Kendisi çok dindar, iyi bir aile babası, zeki, çalışkan, hırslı ve her şeyin üzerinde açıkgöz bir zat. Fakat maalesef, Türkiye'nin Harlem'inden gelmesi ve fakat Harvard'a gidemediğinden yetişme tarzının sonucu olan kafasını değiştirememiş. Şimdi Başbakan'ımız Türkiye, ABD ve dünya için önemli bir soruya cevap vermeye hazırlanıyor. Lütfen bize yardım edin. Durumumuzu Türkiye'den ABD'ye adapte edip hakikatleri özetleyelim:

1- Şayet günün birinde yüzlerce sene ABD'de yaşayan ve bugün 15 milyonu bulan Latin köklü Amerikalılar azınlık şartlarını beğenmeyip terörizmi başlatır ve 50.000 Amerikan askerinin binlerce sivilin hayatına mal olup milyarlarca dolar zarara sebep olurlarsa,

2- Amerikan'ın Florida, Mississippi, New Mexica, Teksas gibi eyaletlerinde ABD'den ayrı yeni bir devlet kurmak isterlerse,

3- Bu arada azınlık haklarını terörizmle ABD idarecilerine dayatan teröristlerin başı hapse sokulur ve idama mahkûm edilirse,

4- Terörizmden canı yanan memleketin idaresi zayıflar ve ABD idarecileri dış ülkelerin tavsiyelerini tatbik eder gibi göstererek, kendi menfaatleri yolunda ve fakat ABD halkı menfaatlerini ikinci plana atarak idam mahkûmu terörist lider, teröristlerin dağlardaki başları ve şehirlerdeki siyasetçileriyle, sonu yalnız ABD için değil fakat dünya üzerinde de depremler yapacak politik anlaşmalar yapmaya kalkarlarsa,

Evet, Muhterem Obama! Yukarıdaki hakikatler çevresinde,

1- Ebedi hapse çevrilmiş, idama mahkûm bir terörist başı ve çocuk katili olan bir şahısla ve ABD güneyinde teröristleri halen idare eden liderlerle ABD'nin anayasasını değiştirip yenisini yapmaya kalkar mısınız?

2- Bu şahıslarla ABD'nin de sınırlarını değiştirecek kararlar alma cüretini gösterir misiniz?

3- Bu şahıslarla ABD'nin de komşularıyla olan münasebetlerini değiştirecek planlar yapar mısınız?

4- Bu şahıslarla yalnız komşularınızla değil, dünya sulhunu değiştirecek konuşmalara katılır mısınız?

Bu sorulardan bir tanesine dahi "Evet" cevabı verirseniz biz Türk milleti olarak ne isterseniz yapmaya hazırız.

~ Cumhuriyet Gazetesine Bomba ~

Yunus Nadi prensiplerine hâlâ sadık olduğunuzu göserecek bir reaksiyonla, bugünkü hukuk anlayışı çıtasını birkaç metre yukarıya çıkaracak bir anlayış formülünü getirmenizi bekliyoruz. Bu aynı zamanda sizin için, bütün gerçek aydın Türklere de manevi destek sağlayacak bir şanstır.

Cumhuriyet Gazetesi Yönetim Kurulu Başkanlığı'na,

Beyefendi,

Anladığıma göre son aylardaki gazete haberlerinde "BOMBALANMAK" *Cumhuriyet* gazetesi idarecilerinde, çalışanlarında ve sevenlerinde derin izler açan bir yara bırakmış. Hakikaten çok acımasız ve savunulamaz polisiye bir olay. Geçmiş olsun. Kederinizi paylaşır ve bir daha böyle suçsuz bir gruba yalan ve dolanlarla ikna edilen gençlerin aşağılayıcı, tahkir edici ve ölüm korkusu veren saldırıları olmaz. Siz de, bence ülkemizin en saygıdeğer gazetesi olan *Cumhuriyet* yöneticileri olarak benim gibi mi düşünüyorsunuz? Şayet öyleyse lütfen yayınlarınıza devam edin.

"BOMBALANMA"nın ne korkunç olduğunu ne derin yaralar açtığını ailem ve ben maalesef ilk elden biliyoruz. 1983 senesinde, İstanbul'da 50 sene önce kurduğum Tıbbi Araştırma Vakfı'mız da bombalandı. Sizinkinden biraz farklı olarak, kalaşnikoflarla donanmış Dev Sol'dan altı genç aynı zamanda beni de infaz etmek üzere arıyorlarmış. Kimlik soruşturmasından sonra beni bulamayınca, bütün çalışanları bodruma hapsedip, bütün laboratuvarlarımızı, odaları teker teker bombalayarak acısını çıkarmışlar. Söylemesi acıklıdır ama bu bombalamanın sebebi maalesef o zamanki *Cumhuriyet* gazetesinin yöneticileridir. *Nokta* dergisinin başlattığı beni ve vakfın başkanı Sümerolog, Atatürkçü ablam sayın Muazzez İlmiye Çığ'ı neredeyse iki ay süren yalan ve yanlış dolu iftira ve karalama kampanyasının sonuçlarını *Cumhuriyet* gazetesinde sorgusuz, sualsiz tırmandıran ve bir nevi geçerlilik kazandıran yönetim, bir defa dahi bize söz vermek insanlığını göstermediler. Gerek Sağlık Bakanlığı'nın gerekse İstanbul Adliyesi'nin tahkikat sonuçlarını ciddiye alıp yayımlamadılar. Bizi daha bombalamadan önce o kadar sindirmişler ki, ne *Cumhuriyet*'i ne de *Nokta*'yı dava edemeden bombacılar tahtanın son çivilerini çaktılar.

Bu mektubu bugün yazmamın iki önemli sebebi var. Birincisi, bir müddet önce *Radikal* gazetesinde Bay Arda Uskan'ın "Anlaşılan Prof. Dr. Turan İtil'e yıllar öncesinden kalan bir özür borcumuz var" makalesi dolayısıyla. Anlaşılan bu zat *Nokta* dergisindeki yalan ve uydurmalardan vicdan azabı çekiyormuş ve insan olduğunu ispat için günah çıkarmış. İkincisi, bugünkü Türkiye hukuk sisteminin geldiği nokta. Sırf Atatürkçülükleri veya Aydınlıkçı düşünceleri dolayısıyla mahkûm olmadan yalan ve yanlışa dayanan senelerce hapis tutulanlar.

Şayet siz de benim ve 97 yaşındaki ablamın prensiplerini taşıyorsanız, bizi senelerce maddi ve manevi yönden harap edenlerden ikincisi (birincisi Bay Arda Uskan) olan önceki yönetimin hukuksuz ve vicdansız bir şekilde yalanları desteklemesini tenzih etmenizi ve gazetenizin sayın Yunus Nadi prensiplerine hâlâ sadık olduğunuzu gösterecek bir reaksiyonla, bugünkü hukuk anlayışı çıtasını birkaç metre yukarıya çıkaracak bir anlayış formülünü getirmenizi bekliyoruz. Bu aynı zamanda sizin için bütün gerçek aydın Türklere de manevi destek sağlayacak bir şanstır.

Saygı ve selamlarımla

Prof. Dr. Turan M. İtil

~ Alternatif Nobel Ödülü ~

Üç günden beri hem çok sevinçli hem çok üzüntülüyüm.
Sevinçliyim çünkü sayın Hayrettin Karaca,
dünyada dört kişiye verilen Alternatif Nobel Ödülü'nü almış.
Üzüntülüyüm bu önemli haber ne yazık ki
ne haber kanallarında ne gazetelerde
hiç önemsenmediği görünüyor.

Sayın Hayrettin Karaca Nobel Ödülü,*

Üç günden beri hem çok sevinçli hem çok üzüntülüyüm. Sevinçliyim çünkü sayın Hayrettin Karaca, dünyada dört kişiye verilen Alternatif Nobel Ödülü'nü almış. Üzüntülüyüm bu önemli haber ne yazık ki ne haber kanallarında ne gazetelerde hiç önemsenmedi görünüyor. E-mail'lerde yazılmadı. Hele *Sözcü* ve *Aydınlık* gazetelerinde bence çok önemli bu habere bir satır olsun yer verilmedi. Acaba buna önem verilmediği için mi? Yoksa sayın Karaca'nın, ülkeyi kötüleyen bir durumundan bu ödülü almadığı için mi? Halbuki o, hayatını doğayı koruma faaliyetlerine adaması ve bunu başarılı girişimcilik çalışmalarıyla birleştirmesi nedeniyle almış bu ödülü. Ödül, merkezi İsveç'te bulunan ve 1980 yılından beri her yıl bu tür ödül veren "Doğru Yaşam Vakfı"nın. Bu

---
* 30 Eylül 2012.

yıl dünyada üçü şahıs biri kuruma olmak üzere dört ödül verilmiş. Alanlardan biri, şiddet içermeyen tekniklerin geliştirilmesi üzerinde çalışan ABD'li Gene Sharp, insan hakları üzerinde uğraşan Afgan Dr. Sima Şamar ve silah ticaretine karşı kampanyalarda bulunan İngiltere merkezli sivil toplum örgütü ile TEMA'yı ve ülkemizde ilk bitki müzesini kuran, topraklarımızın aşınıp yok olmasını önlemek için var gücüyle çalışan, anaokulundan üniversitelere ve halk kuruluşlarına kadar bu konuda hiç yorulmadan konuşmalar yapan, TEMA'yı dünyaya yayan sayın Hayrettin Karaca, diğer adlarıyla Toprak Dede, Erozyon Dede'dir. Kendisini bütün kalbimizle kutlarız. Ödüller 7 Aralık 2012'de Stockholm'de büyük törenle verilecektir. Hayrettin Karaca da tam bir Atatürk çocuğu. O günlerden aldığı güç onu bugünlere eriştirdi. Amacımız eğitimsiz bir halkı eğitmek, ülkemizi çağdaş uygarlığa eriştirmek. Bazı densizlerin beğenmediği o günlerdeki o büyük heyecan, atılımlar olmasaydı, bugünlerin ucunu bile göremezlerdi...

~ Antalya Kadın Zirvesi ~

Avrupa Konseyi Sözleşmesi'ni imzalama bir gösteriş.
Nice kanunlarımız sözleşmelerimiz var, tatbik eden kim?
Batı'nın insan hakları diyoruz,
suçsuz insanlar yıllarca hapishanelerde çürütülüyor,
küçücük çocuklar Kur'an kurslarına zorlanıyor.

Antalya Büyükşehir Belediyesi,
Basın Yayın ve Halkla İlişkiler Dairesi Başkanlığı'na,[*]

13 Ekim 2011 de gerçekleştirdiğiniz "Antalya Kadın Zirvesi" toplantısında tartışılan, kadına yönelik şiddetin önüne geçmek için öne sürülen önerilerinden herhangi bir sonuç alınıp alınmadığını açıklayacak sorular sormuşsunuz. Bu soruları sizin sıranıza göre yanıtlamaya çalışacağım:

1- Bildiğime göre bu konuda devlet herhangi bir atılım yapmamıştır. Üstelik okullarda kız erkek ayrımı yapmaya başlamış, böylece birbirini anlamayan, birbirine yabancı, hatta düşman çocuklar yetiştirme gayretine girmiştir. Her gün azalacağına, gün geçtikçe kadına şiddet çoğalmaktadır. Bunun en büyük nedeni devleti idare edenler. Kadınların elini sıkmaktan, onlarla yan yana oturmaktan anlam çıkar-

---
* 10.09.2012.

dıkça, mayolu bir kadın reklamından cinsel etkide bulunan devlet idarecileri bulundukça, böyle olanları hoş karşıladıkça kadına şiddet azalmaz çoğalır. Atatürk zamanında kız erkek bir arada okumaya başladık. Birbirimizi arkadaş olarak kabul ettik. Laiklikle bu daha da güçlendi. İmam Hatip okulları, *Kur'an* kursları, erkeklere kadını tabu, onun saçı bile cinsel arzuyu kamçılayan bir araç olarak gösterdi. Bu zihniyet düzelmedikçe, okullarda kız erkek ayrılıp, kızların kafaları örttürüldükçe, laiklik baltalandıkça, ülkeyi idare edenler kanunlarımızı hiçe sayarak, imam nikâhı uydurması altında kadın üzerine kadın aldıkça bu iş daha fazlalaşacaktır.

2- Avrupa Konseyi Sözleşmesi'ni imzalama bir gösteriş. Nice kanunlarımız sözleşmelerimiz var, tatbik eden kim? Batı'nın İnsan Hakları diyoruz, suçsuz insanlar yıllarca hapishanelerde çürütülüyor, küçücük çocuklar *Kur'an* kurslarına zorlanıyor.

3- Antalya kadın zirvesinin siyasi partilere bir etkisi olduğunu fark etmedim. Bu konuda bir çaba sarf ettiklerini de zannetmiyorum.

4- Yüzde 50 kadın kotasını hiçbir partinin uygulamak isteyeceğini zannetmiyorum. İçlerinden bir üye istese, en az yirmisi istemez. Ne yazık ki, erkelerimizin hemen pek çoğu örümcek kafalı.

5- Sığınma evleri hakkında hiç bilgim yok.

6- Medyayı hiç takip etmiyorum, ama şuna eminim ki, son yılda herhangi bir değişiklik yapmadılar. Büyük bir kısmı hükümetin yolunda gittiği için o yoldan ayrılamazlar.

~ Uyan Artık! ~

*Önümüzde belki bir referandum,
ama kesin bir seçim var. Halkımızı buna hazırlamak için
değerli yazılarınızın sonuna halkı uyandıracak,
dürtecek şöyle birkaç satır eklemenizin
çok yararlı olabileceğini düşünüyoruz.*

Köşe Yazarlarına,*

Sayın köşe yazarı dostlarımız! Her kafadan bir ses çıktığı şu günlerde biz iki kardeş de sizlere bir öneride bulunmak istedik. Önümüzde belki bir referandum, ama kesin bir seçim var. Halkımızı buna hazırlamak için değerli yazılarınızın sonuna halkı uyandıracak, dürtecek şöyle birkaç satır eklemenizin çok yararlı olabileceğini düşünüyoruz:

1- Ey, ay yıldızlı bayrağımıza, kahraman askerlerimize, Lozan'ın kurduğu, kanla çizilen Türkiye Cumhuriyeti sınırlarına inanan Türk vatandaşları, UYAN ARTIK!

2- Vatanın bölünmesini,

3- Ordusuz bir millet olmayı,

---

* 05.07.2013.

4- Gâvur, dediklerinin kölesi olmayı,

5- Kadın olarak ikinci sınıf vatandaş olmayı istemiyorsan, oyunu ona göre kullan!

Belki siz daha tesirli cümleler kullanabilirsiniz. Bizimki bir vatandaş önerisi. Saygılarımızla.

Muazzez İlmiye Çığ-Turan M. İtil

~ Oylarınızı Doğru Kullanın ~

Yazarlar önümüzdeki seçime ve Anayasa referandumuna bir kampanya başlatsa ve uyuyanları uyandırsa bizim bildiğimiz Türkiye'yi kurtarmak için daha faydalı olmaz mı?

Sayın köşe yazarı[*]

"Köşe Başı" başlığınız "Oylarınızı doğru kullanın" çok güzel. Bizim fikrimizce: Siz ve sizin gibi ellerinde altın kıymetinde köşeleri olan yazarlar önümüzdeki seçime ve Anayasa referandumuna bir kampanya başlatsa ve uyuyanları uyandırsa bizim bildiğimiz Türkiye'yi kurtarmak için daha faydalı olmaz mı? Siz yine istediğiniz makaleyi yazın. Bizim teklifimiz kıymetli köşenizde makalenizden sonra birkaç satırla halkı gelecek seçim ve referanduma uyandırmak. Ve takriben şu (veya buna benzer) gelecek seçimler için uyarımlar, makalelerinizin altına eklemek.
Mesela:
"Ey, ay yıldızlı bayrağımıza, milli marşımıza, kahraman askerlerimize, Lozan'ın kurduğu ve kanla çizilen Türkiye Cumhuriyeti sınırlarına inanan Türk halkı, Türk vatandaşları, UYAN ARTIK!"

---

[*] NY. dan gazeller.

şayet,
- Vatanın TAKSİMİNİ kabul etmiyorsan,
- ORDUSUZ bir Türk milleti olmak istemiyorsan,
- Yabancıların KÖLESİ olmak istemiyorsan,
- Ananın, karının, kızlarının NAMUSUNU hayatınla ödemek istemiyorsan,
- Üretemeyen bir milletin İŞSİZ ferdi olmak istemiyorsan,
- Beylerin arzu KÖLESİ, ikinci sınıf bir kadın/insan olmak istemiyorsan,
- Yabancıların yapacağı anayasayı iyi oku,
- Yeni seçimlerde senin KİMLİĞİNİ en çok kim korur onu düşün ve ona göre OY VER,
- Akil insanların kimin akil olduğunu UNUTMA VATANDAŞ!
- Kış uykusundan uyan hazırlan etrafını da hazırla,
- Vereceğin oy en kıymetli servetin, seni mutlu edeceklere ver ve etrafına da öğret vatandaş...

Saygılarımızla

Muazzez İlmiye Çığ
Prof. Dr. Turan M. İtil

ATATÜRK DEVRİMLERİ VE LAİKLİK

Laiklik, demokrasinin anasıdır; laik olmayan bir ülkede demokrasi yok demektir. Demokrasi, her bireyin kendi sınırı içinde özgür olmasıdır. Bu insan haklarını da içine alır. Ben, başkasının zararına olmadan istediğimi yapmakta özgürüm. Başkası da benim bu özgürlüğüme karışamaz.

~ Laiklik ve Demokrasi[*] ~

Artık yazmayacağım, diye karar veriyorum; fakat öyle şeyler karşıma çıkıyor ki dayanamıyorum. Yine *Aydınlık* dergisinde okuduğum bir yazı beni dürttü. Bir taraftan da kendime söyleniyorum: Okuduğuma neden kızıyorum ki diye. Öyle ya "Türkiye Cumhuriyeti Anayasası"nda olan ve onu uygulamak için şerefi, namusu üzerine yemin eden devletin Cumhurbaşkanı ve Başbakanı bunun ne olduğunu anlamayıp laikliğin dinsizlik olduğunu açık açık söyleyince, profesör olarak eğitim yaptırmış, şimdi RTÜK'te (Radyo ve Televizyon Üst Kurulu) başkanlığa seçilmiş Davut Dursun'un "Laiklik sapkın bir ideoloji..." demesi o kadar şaşılacak şey mi?! İmam ne derse cemaat de onu söylermiş. Ama bu devrimi başından itibaren bilinçli olarak yaşamış olan bana, bunlar çok ama çok acı geliyor... Bu kimseler nasıl olup da böyle yetiştiler diye üzülüyorum. Bunlar ya çok cahil (öyle ise nasıl geldiler o mevkie!) veya bilerek bunu çıkarları için saptırıyorlar ki o da çok ama çok utanç verici! Ama ülkemizi idare edenler tarafından öyle utandırıcı, dine, ahlaka, kanunlara, geleneklerimize uy-

---

[*] 02.08.2009.

mayan öyle işlerin döndürüldüğünü gazetelerde okudukça "Özellikle dinine bağlı ve imanı tam olarak kendilerini ortaya atanlar arasında böyle şeyler olamaz, rüya görüyorum herhalde!" demek istiyorum.

Gelelim laiklik konusuna... Bunun ne olduğu hakkında öğrenmek isteyenler için bilimsel olarak o kadar çok yazıldı ki... Ben de bir hayli yazdım. Burada yazacaklarım devede kulak. Ama eğitimsiz bir kadının, laikliğin ne olduğunu ve Atatürk'ün laiklikle dinimizi kaldırmak istediği uydurmasının doğru olmadığını anlatan sözleri çok önemli.

Laiklik yasasının çıkmasından bir süre sonra, Arapça *Kur'an* okumaktan başka eğitimi olmayan rahmetli annem, laikliği ne güzel anlatmıştı bize, "Kızım, bakıyorum da millet dinini bırakmaya ne kadar da heveslermiş! Sanki Atatürk onlara dininizi bırakın dedi. Herkesi, kimsenin zoru, korkusu, baskısı olmadan inandığı şekilde dinini yapsın diye özgür bıraktı. Demek ki millet Allah için değil, onun bunun korkusu yüzünden dinini yapıyormuş" demişti. Annemin sözleri hâlâ kulağımdadır. Rahmetli olduğu 86 yaşına kadar da Müslümanlığın bütün icaplarını yaptı. Etrafındakilerin hiçbirine de bu konuda bir suçlaması, bir eleştirisi olmadı. Ona göre "din" insanların kendi vicdanının meselesidir. Gösteriş için, başkalarına yaranmak için yapılan din, iman değildi... O zamanlar camiler kapanmadı, kimseye ibadet etmeyeceksiniz, camiye gitmeyeceksiniz denmedi. Ona karşılık, kimse de ben namaz kılıyorum, oruç tutuyorum, sen niye yapmıyorsun da diyemedi. O zaman da -şimdiki gibi- güçlünün peşinde koşan, kraldan fazla kral olan yalakalar vardı. Şimdi laikleri kötüleyenler gibi, dine dil uzatmaya kalkanlar başlayıverdi... Onları susturmak için hemen 75 numaralı yasa çıktı. Dine dil uzatanlar üç yıla kadar hapis cezası alacaktı. Hemen sesler kesilivermişti.

Gelelim, laikliğin bilimsel ve sosyal yanına... Laiklik, demokrasinin anasıdır; laik olmayan bir ülkede demokrasi yok demektir. Demokrasi, her bireyin kendi sınırı içinde özgür olmasıdır. Bu insan haklarını da içine alır. Ben, başkasının zararına olmadan istediğimi yapmakta özgürüm. Başkası da benim bu özgürlüğüme karışamaz. Din ve inanç her şahsın kendi isteği ve sorumluluğudur. O Allah ile kul arasındadır. Onu insanlar kendi çıkarları için kullanamaz. Devlet, yüzyılların ötesinde konulmuş ve o günün koşullarına uygun din kurallarına göre yönetilemez. Dinimi yapıyorum diye kimse sorumlu olduğu işini yapmazlık edemez. İnancını kendi yararı için kullanamaz. Bu konuda daha pek çok şey yazılabilir, ama biz "Anlayana sivrisinek saz, anlamayana davul zurna az!" diyerek sözü bitirelim.

Ülkenin laik, bağımsız ve Atatürk'ün öngördüğü bir ülke olmasını candan isteyen partiler birleşmeli. Başkanlardan bir konsey teşkil edilmeli. Hiçbiri ben baş olacağım hevesine düşmemeli. Bu konseyin üstünde onu denetleyen sayın Ahmet Necdet Sezer veya Sabih Kanadoğlu gibi dürüstlüğüyle tanınmış birisi olmalı.

~ Partiler Atatürk ve Laiklikte Birleşmeli!* ~

Referandum oldu, ülkenin ve partilerin gidişi ortaya döküldü. Bu gösteriyor ki, önümüzdeki seçimde yine AKP kazanacak. Hiçbir parti kendi başına baş olamayacak, baş olamayacak değil, devlete bile giremeyecek. Memleketimiz, vatanımız tamamıyla elden gidecek. Gençlerimiz ve halkımız *Kur'an* kursları ve İmam Hatip okullarıyla dinli, dinsiz diye ayrıldı. Töre cinayetleri aldı yürüdü. Partililer ve başkanları acaba bunu görebiliyorlar mı? Eğer gerçek bir siyasetçiyseler, Atatürk gibi dağın arkasını göremeseler de, Atatürk'ün söylediklerini anlayan bizler kadar tehlikenin büyüklüğünü görmeleri gerek. Evet, tehlike çok çok büyük... Ya içsavaşa girip birbirimiz öldüreceğiz, ülke kan deryasına dönüşecek, arkadan büyük bir açlık gelip kanla ölemeyenler açlıkla yok olacaklar veya bu güzel vatanı yabancılara tümüyle teslim edip köle olacağız. Buna razı olamayacak bizler tarafından bir öneri sunuyoruz partilere.

---

* 28.09.2010.

Kanımızca aynı siyasal düzeyde olan, yani ülkenin laik, bağımsız ve Atatürk'ün öngördüğü bir ülke olmasını candan isteyen partiler birleşmeli. Başkanlardan bir konsey teşkil edilmeli. Hiçbiri ben baş olacağım hevesine düşmemeli. Bu konseyin üstünde onu denetleyen sayın Ahmet Necdet Sezer veya Sabih Kanadoğlu gibi dürüstlüğüyle tanınmış birisi olmalı. Konsey üyeleri daha başından mal varlıklarını açıklamalı. Açık bir program hazırlanmalı. Borçlar nasıl ödenecek, varlıklarımız nasıl değerlendirilecek, dışarıya muhtaç olmadan nasıl kalkınacağız, eğitimimiz, hukukumuz nasıl olacak açıklanmalı. Böyle bir partinin veya kuruluşun seçimi kazanacağından kuşkum yok. Seçim kazanılıp bir devre Atatürk'ün önerdiği ve ülkemizin şartlarına göre devlet rayına oturtulduktan sonra ikinci devrede isteyen partisini alıp kendi başına siyasetini yürütebilir. Bunlar hangi partiler olabilir? Bu çok önemli. Bugün CHP bu işe girebilir zannediyorum. Çeşitli zamanlarda başa geçip yıpranan partiler olmamalı. Yeni kurulan veya yalanla, hırsızlıkla kirlenmemiş, laikliğin dinsizlik olmadığını kavramış partiler olmalı. İşçi Partisi'nin böyle bir kuruluşa katılacağını zannediyorum. Hak ve Eşitlik Partisi, Tuncay Özkan'ın, Mümtaz Soysal'ın, hatta Abdüllatif Şener'in partileri olabilir. Bu partilerin bunu kabul edip etmeyeceklerini bilmiyorum. Herkes, ben ondan üstünüm derse olmaz. Ama Kurtuluş Savaşı zihniyetiyle vatanımızın bugün buna ihtiyacı var düşüncesiyle kalkışılırsa olur. Türkiye Cumhuriyeti'nin devam etmesini isteyenler, önümüzdeki korkunç tehlikeyi anlayabilenler partilerin birleşmesi için ellerinden geleni yapmalılar.

1923-24 yılı, henüz Cumhuriyet olmuş, ne kıyafet kanunu ne de laiklik var. Ben Çorum'da "Ravza-i Nisvan" okulunda ilkokul dördüncü sınıftayım. Okulda çok büyük kızlar var. Okul fotoğrafımızda hiçbir kızın başı örtülü değil.

~ CHP'nin Türban Çözümü* ~

24 Ağustos 2010 tarihli *Cumhuriyet* gazetesinin ilk sayfasının başındaki "Çözüm Anlaşmak" yazısını görünce birden heyecanlandım. Ne, nasıl anlaşılarak çözülecek diye. Çünkü ortada o kadar çok problem vardı ki çözülecek... Biraz dikkatlice bakınca bu kez de şaşırdım ve yazıyı okuyunca daha da şaşkına döndüm. Yazıyı yazan CHP'nin Bilim Platformu Başkanı Sencer Ayata'ymış, çözüm de türban konusu. Bir kere, şu arada bu konunun *Cumhuriyet* gazetesinin ilk sayfasının baş kısmını işgal edecek kadar önemli bir konu olmaması gerekti. İkincisi, en azından CHP'nin Bilim Platformu Başkanı'nın CHP için bunun bir problem olmadığını bilmesi gerekti. Çünkü 1925'te yapılan bir kıyafet kanunumuz vardı. Buna göre, laik olan devletimizin kurumlarında insanlarımız din kıyafetiyle okuyamaz ve çalışamaz! Fransa dinle ilgili diye, okullarında boyuna haç taktırmıyor. Evet, laik devletin kurumlarında gerek erkek gerek kadın, din kıyafetiyle okuyamaz, çalışamaz. Bunun dışındaki kadınlara da kimse karışmadı. Yalnız, çarşaf giyenler giymemeleri için uyarıldı, ama ceza uygulanmadı. Şehirlerdeki analarımız, bacılarımız üzerlerine dizlerinin

---

* 25.08.2010.

biraz altında bir manto veya tayyör giydi, başlarına hafif bir örtü örttü. Köylü kadınlarımız da geleneklerini sürdürdüler. Erkeklerle eşit şalvar giyiyor, başlarına bir örtü veya yemeni koyuyorlardı. Eski kadınlarımız şimdikiler gibi boyanıp rahibeler gibi başlarını sarıp sarmalamadılar, etekleri yerleri süpürmedi. Yine de bu tür giyinenler okula gitmedikçe, devlet kurumlarında çalışmadıkça, laik devleti temsil etmedikçe kimsenin onlara karışma hakkı yok. Ben bunun üzerinde pek çok yazdım, ama kulak veren olmadı. Çünkü kimse tehlikenin ne kadar büyük olduğunu anlamadı, ne aydını ne okumuşu görmedi veya görmek istemedi bu durumu...

Yalnız, şunu yazmadan geçemeyeceğim. 1923-24 yılı, henüz Cumhuriyet olmuş, ne kıyafet kanunu ne de laiklik var. Ben Çorum'da "Ravza-i Nisvan" okulunda ilkokul dördüncü sınıftayım. Okulda çok büyük kızlar var. Okul fotoğrafımızda hiçbir kızın başı örtülü değil. Sakallı bir hocamız din dersimize gelir, *Kur'an*'dan namaz ayetlerini okuturdu. Ama başımızı hiç örttürdüğünü hiç hatırlamıyorum. 1924-25 yılında, Bursa'da "Bizim Mektep" adındaki okulda beşinci sınıf öğrencisiyim. Sınıfımızda nerede ise 20 yaşında kızlar var, hiçbirinin başı kapalı değil. Üstelik kız erkek karışık okuyoruz. 1925-26 yılı da öyle... 1926'da girdiğim "Öğretmen Okulu"ndan sonra da söz konusu olamazdı din kıyafeti. Peki, nasıl oldu? Cumhuriyet'le mi başlamıştı okula giden kızların başlarını açması? Hayır! "İkinci Meşrutiyet"le önce ilkokul kızlarının başı açılmış, sonra da devam etmişti... 1950 yılları içinde "İmam Hatip"lerin açılması ve bu okullara kız öğrencilerin alınmasını takiben (aslında bizde bir rahibe sınıfı da yoktur), 1980 yılında "Kurucu Meclis"te bir milletvekili "Bu kızların başları örtülsün..." şeklinde bir kampanya başlattı ve kızlarımızın başları örttürüldü. Sonra da liselerde, üniversitelerde fakir ve çalışkan kız çocuklarının aylığa bağlamak koşuluyla (!) başları örttürüldü. Neden? Bunu yaptıranlara *Kur'an*'da cennet verilmiyor! Kadının başını örtmesi, *Kur'an*'a göre Müslüman olmanın şartı da değil, örtmeyenin cehenneme gideceği de yazılmıyor. Ama bu bir karşıdevrimdir! Şeriatı getirmek isteyen erkekler onların başlarını kapatarak karşıdevrimi başlattılar, ama ne yazık ki bunu kimse anlamak istemedi veya anlayacak kafası yoktu. Atatürk "Dağın arkasını görün" derken, ondan sonrakiler ayağının ucunu bile görmediler! Ben bu konuda çok yazdım. Onu da okuyan olmadı, okuyanlar ise aldırmadı. Yalnız, hapis cezasıyla dava edildim ve böylece Ergenekon'u da ilk ben başlatmış oldum galiba?...

Şimdi, CHP bu konuyu uzlaşma yoluyla çözmeye kalkmış; bunun kadar saçma bir şey olamaz. Kafayı örtme, ister bu şekil ister şu renk olsun, hepsinin altında din değil, siyaset var. İkinci sınıf gördükleri kadının sırtından, erkekler istediklerine kavuşmak istiyorlar... Bu yüzden bu işlerin başlaması da çözümü de erkeklere düşüyor. Eğer erkekler hiçbir şeye karışmasalar, Prof. Dr. Yaşar Nuri gibi başka din adamları da doğruyu, kadınların başlarının örtülmesinin din bakımından hiç de öyle önemli olmadığını anlatsalar ve kadınlara "İstediğinizi yapın!" deseler (ama bütün erkekler aynı kafada olup içten söylese), bakın o zaman kadınlar bunu ne güzel çözerler...

Gerçek dindarlık abdest namaz değil, dürüst olmak, çalmamak, çalanları, kötülük yapanları korumamak, iftira atmamak, yalan söylememek, devlet malını kendi malın gibi korumaktır. Kadına, kıza kendi kardeşin, kızın gibi bakacaksın.

~ Dindar Geçinenlerin Hepsi İkiyüzlü* ~

Başbakan Recep Tayyip Erdoğan'ın ağzından çıkan yeni bir inciyi gazetelerde okudum ve TV'lerde kulağımla duydum: "Muhafazakâr/dindar gençlik yetiştireceklermiş." Biz eskiden muhafazakâr denince gerçek imanlı, aynı zamanda çağa ayak uyduran kimseler olarak anlardık. Rahmetli babam ve annem onlardandı. Hâlâ öyle olanların var olduğunu biliyorum, ama sözüm onlara değil, alınmasınlar. Şimdi "dindar" geçinenler ikiyüzlü. Atatürk zamanında böyle olanlar laiklik çıkınca hemen kendilerini gösterdiler. Eğitimi olmayan rahmetli annem bunu çok güzel gözlemiş ve anlatmıştı bana. "Kızım, millet dinini bırakmaya ne de istekliymiş. Laiklikle inancınızda özgürsünüz, kimse kimsenin inancına karışmayacak, denince herkes dinlerini bırakıverdi, sanki Atatürk onlara, dininizi bırakın dedi" demişti. Evet, o zamanlar zorla, onun bunun baskısı, ayıplanma korkusuyla dinlerini yapanlar rahatlayıvermiş, bırakmışlardı. Çünkü kimse onlara "Camiye gitmiyorsun, içki içiyorsun" diyemiyor, onlar da vicdanlarının istediğini yapıyorlardı. Şimdi ne oluyor? Camilere

---

* 05.02.2012.

birbirinden çekinip gidenler, dindar görünüp bir şeyler kapmak isteyenler aldı yürüdü. İçki açıkta içileceğine evlerde gizli içilmeye başlandı. Gazetelerde en çok içkinin Konya'da tüketildiğini duyunca hiç şaşırmadım. Çünkü en dindar yer orasıymış! İkiyüzlü insanlar çevirdi etrafımızı. Biz din ve imanın en başta dürüstlük olduğunu öğrendik. Önce olduğun gibi görüneceksin. Ne istemeyerek dindar görüneceksin ne de istemeyerek çağdaş görüneceksin. Bizim bildiğimiz gerçek dindarlık abdest namaz değil, dürüst olmak, çalmamak, çalanları, kötülük yapanları korumamak, iftira atmamak, yalan söylememek, devlet malını kendi malın gibi korumaktır. Kadına, kıza kendi kardeşin, kızın gibi bakacaksın. Şimdi bunların ne yazık ki, hepsi dama kaldırıldı. Mayolu fotoğraflar, çıplak yapma mankenler, başı açık kadınlar erkekleri tahrik ediyormuş. Benim gençliğimde ve daha sonra arkadaşlık yaptığımız erkeklerden duymadık böyle laflar. Ne oldu insanlarımıza?

Başkasının çalışmasını kopya ederek kitap yazan ve suçundan dolayı üniversiteden atılan, profesörlüğü kaldırılan bir şahıs devletin en üst yerine getiriliyor. Dış ülkede yardım olarak toplanan paraları yedikleri, oralardaki mahkemeyle kanıtlananlar, mevkilerinde bırakılarak korunuyorlar. Onların suçluluğunu gösterecek yargıçlar işlerinden atılıyor. Ülkenin dürüst gazetecileri, en üstün bilim adamları, büyük bir güvenle dayandığımız şanlı ordumuzun seçme komutanları, neden bile gösterilemeden hapse atılıyor ve yıllarca orada çürümeye bırakılıyor. Bu mu din, iman? Bu mu adalet? Peygamberimizin "Bir saatlik adalet bir yıllık ibadete bedeldir" sözü nerede?

Dindarlık diye zavallı gençlerimize bunları gösterirseniz, bunları öğretirseniz Türkiye Cumhuriyeti'nin adı kalmaz. Onlar da ikiyüzlü olacaklar. Evet, ikiyüzlü olacaklar. Bir taraftan çağın önlerine serdiği olanaklar, diğer taraftan ortaçağ kafasıyla yasaklar, günahlar ve ayıplar... Düşünemeyen, kendi kendine karar veremeyen, bu yüzden boyuna karar değiştiren gençler... Benden kanıt isterseniz, en önemli örnek ülkeyi idare edenlerimiz. Ben TV'de gördüm ve duydum, Cumhurbaşkanı'mızın ve Başbakan'ımızın laikliğin dinsizlik olduğunu söylediğini. Ona karşılık 6 Şubat 2012 tarihli *Sözcü* gazetesinde, Cumhurbaşkanı'nın laiklik ilkesinin Anayasamıza girmesinin 75. yıl dönümü nedeniyle yayımlattığı mesaja göre "Türk milleti, Cumhuriyetin diğer nitelikleri yanında **laiklik** ilkesi üzerinde güçlü bir anlayış birliği içindeymiş ve laiklik toplumsal barış açısından önemli bir işlev görmekteymiş." Başbakan da "laikliğin Türk milletinin ortak paydası olduğunu, birlik ve beraberlik içinde geleceğe yürüyüşün teminatı olmaya devam edeceğini" söylüyor. Vay vay vay! Bu ne büyük geri dönüş ve nasıl bir kararsızlık? Hani laiklik dinsizlikti?

Laiklik dinsizlik mi? Yoksa laiklik, dine karışmadığı, insanları vicdanlarında özgür bıraktığı için mi onlara barış getiriyor? İşte ikiyüzlülüğün, kararsızlığın en somut örneği. Hem de devletin başları yapıyor bunu. Onların eşlerini yüzleri, gözleri boyalı, acayip kıyafetlerle kollarına takıp oraya buraya götürmeleri hangi muhafazakârlık/dindarlık? Atatürk'ün getirdiği laik Cumhuriyet olmasaydı, öyle gidebilirler miydi? Eğer halkımız hâlâ özgürlük içinde ise, 80 yıl içinde dünya çapında kadınlı erkekli bilim insanlarımız, sanatçılarımız yetişmişse, partiler kurulmuş üniversiteler açılmışsa, o zamanın laik gençlerinin kurduğu düzen, attığı temel sayesinde olmuştur, unutmayalım! Zorla dindar yapılan ikiyüzlü gençler değil, inancında özgür vatanını, milletini seven, halkını dinli dinsiz, şu bu diye ayırmayan, çıkarları için kendilerini satmayan, yalan söylemeyen, cesur, ahlaklı, sorup öğrenmeye meraklı gençler yetiştirelim ki ülkemiz yücelsin!

İstanbul Belediye Başkanı Sayın Ali Müfit Gürtuna'nın eşi Reyhan Gürtuna ve Kanal 7'nin eski spikerlerinden yeni Ülke TV'de "Ülkede Bu Sabah" programını sunan Sayın Serpil Öcalan Ulfaz'ın başlarındaki bir tür kölelik işareti olan bohçayı attıklarını büyük bir sevinçle karşıladım.

~ Başını Açanlar* ~

Birkaç gün içinde iki saygın bayanın, İstanbul Belediyesi eski Başkanı Sayın Ali Müfit Gürtuna'nın eşi Reyhan Gürtuna ve Kanal 7'nin eski spikerlerinden yeni Ülke TV'de "Ülkede Bu Sabah" programını sunan sayın Serpil Öcalan Ulfaz'ın başlarındaki bir tür kölelik işareti olan bohçayı attıklarını büyük bir sevinçle karşıladım. Kendilerini bu medeni cesaretleri dolayısıyla candan kutlarım. Kölelik işareti demekte hiç de haksız değilim. Çünkü 1923'ten itibaren çarşafı atıp başı açık okula gitmeye başlayan kızlarımızın torunları olan bu günlerin kızları kendi isteğiyle o kılığa girmek istemez. İlk 1980'de Kurucu Meclis üyesi Mehmet Yamak "İmam Hatip kızlarının başları örtülsün" diye demeç vermesiyle erkekler tarafından başlatıldı bu. Ben o zaman hemen kendisine "bizde bir rahibe sınıfı olmadığını, laik devletin kurumlarında din kıyafetiyle okunamayacağını" bildiren bir mektup gönderdim (*Vatandaşlık Tepkilerim*, Kaynak Yayınları Birinci Basım, 2005, s.47). Ondan sonra liselerde, üniversitelerde fakir ve çalışkan kızlar bulundu. Onlar başlarını örtmek koşuluyla aylığa bağlandı. Bugün

---

* 09.06.2008.

hâlâ bu uygulamanın sürdüğünü, bu defa parayla çarşaf giydirildiğini duyuyoruz. Aslında bunun kadınlarımızı alçaltan, onların parayla her şeyi yapabileceklerini kanıtlayan bir uygulama olduğunun, her iki taraf da farkında değil. Tamamıyla erkeklerin kendi çıkarları için kadınlar üzerinde oynadıkları bir oyun. Ne yazık ki kadınlarımız bunları anlamayacak kadar gözü kapalı, cahil. Cahil cesareti olmasa, kendilerini Birinci Dünya Savaşı zenginlerinin karıları gibi en pahalı kumaşlardan acayip giyimler içinde, son moda ayakkabılar ve bütün "albenisini" ortaya koyan makyajlarıyla, modern giyimli erkeklerinin yanında, özellikle dış ülkelerde, kendilerinin ne kadar gülünç göründüklerini fark ederlerdi.

Bir gün onların da, Çanakkale ve Kurtuluş Savaşlarında vatanımızın düşman ayağından kurtulması için, kalınlığı bile devlet tarafından belirlenen peçelerini atarak askerlerimize her türlü yardımı yapan ninelerimiz gibi, vatanımızın selameti, insanlarımızın huzuru, kadınlarımızın yeniden köle olmamaları için eşleri gibi hak ettikleri çağdaş kıyafete girecekleri umuduyla sözlerime son veriyorum.

Fatih Altaylı'nın sunduğu "Teke Tek" programına konuk olarak aldığı Nuray Bezirgan ve Kevser Çakır'ın söyledikleri benim için korkunçtu. Atatürk sayesinde okuyabilen ve konuşabilen bu kızların beyinleri nasıl yıkanmış?! Üniversitede okudukları halde kafalarını işleterek doğru ve yanlış olanı araştırmayı bile akıl etmiyorlar. Bunlar bu kafayla on üniversite bitirse ne yazar.

~ Atatürk'ten Nefret Edenler* ~

Kanal 1'de 9 Haziran pazartesi akşamı sayın Fatih Altaylı'nın sunduğu "Teke Tek" programına konuk olarak aldığı Nuray Bezirgan ve Kevser Çakır'ın söyledikleri benim için korkunçtu. Atatürk sayesinde okuyabilen ve konuşabilen bu kızların beyinleri nasıl yıkanmış?! Üniversitede okudukları halde kafalarını işleterek doğru ve yanlış olanı araştırmayı bile akıl etmiyorlar. Bunlar bu kafayla on üniversite bitirse ne yazar! Sayın Fatih Altaylı'ya bunları ortaya çıkardı diye candan teşekkür ediyorum. Çünkü aynı kafada kız erkek olarak binlerce binlerce gencimiz yetişti ve yetişiyor. Hem de Demokrat Parti zamanından bugüne kadar gelmiş geçmiş bütün hükümetlerin gözleri önünde. Kimsenin haberi yok buraların varlığından, öğretilenlerden, olanlardan, veya biliyorlar da umursamıyorlar.

---

* 13.06.2008.

Nereden mi biliyorum? Açın iki kitabı okuyun:

1-Hatice Akça, *Söyleyeceklerim Var*, Çağdaş Eğitim Vakfı Yayınları'ndan. Hatice Akça Karadeniz köylerinden İstanbul'a göçen sekiz çocuklu bir ailenin en büyüğü... O, İstanbul'da yalnız biri. Tam 3.000 kızı üç yıl yatılı olarak barındıran bir *Kur'an* kursunda okuyarak hafız olmuş. Oradan başı örtülü olarak İmam Hatibe geçmiş, sonra da üniversite sınavını kazanmış. Bu arada kendini aydınlatacak çeşitli kitaplar okuyarak, konferanslara giderek başını açmış ve *Kur'an* kursunda Atatürk için söylenen o fena sözlerin ne kadar yalan olduğunu, din yerine anlatılanların ne kadar yanlış olduğunu anlamış. Üniversitede hocasının zorlaması ve yardımıyla yazdığı kitabında bütün bunları açıklıyor. Onunla birlikte binlerce kız aynı yerde okudu. Ve Atatürk'e, Cumhuriyet'e karşı büyük bir kin ve nefretle yetiştirildi. Onlar arasından yalnız bir tanesi aydınlanıyor. Ya diğerleri? Savcılık yalnız bu kızlarla değil, onları öyle yetiştirenleri bulup haklarında dava açmalı.

2. kitap Sayın Ekmel Ali Okur tarafından kaleme alınmış, sayın Yüksel Mert'in hayat hikâyesi. Adı *Atatürk'ten Özür Diliyorum*. Yüksel Mert Adana'nın bir köyünden yoksul bir ailenin çocuğu. *Kur'an* kursunda yatılı okumuş. Bir şarkı mırıldandığı için kapı dışarı edilmiş, İmam Hatip'e girmiş. Birçok serüvenden sonra *Kur'an*'ın Türkçesini, arkadan Atatürk'ü okuyarak ne kadar yanlış yolda olduğunu anlamış ve Atatürk'ten özür dilemeye başlamış, sonunda onu bir kitap haline koydurmuş arkadaşı Ekmel Ali Okur'a. Bu kitapta o *Kur'an* kurslarında Atatürk için ne kadar fena şey varsa söyleniyor ve çocuklara öğretiliyor. Kitabı okurken yüreğim yandı... Nasıl oldu da Atatürk'ün bize açtığı çağdaş yolu bırakıp gençlerimizi o dibi olmayan karanlık kuyulara salan içi zift dolu kafalara bıraktık. Nereden türedi bu kafalar, bu insanlar? Yıllardan beri ne siyasetçiler ne eğitimciler ne aydın geçinenler ne de gazeteciler bunları görmedi. Olanların farkına varmadılar hâlâ da varamıyorlar. Oralarda öğrenilenler... Yüksel Mert'e göre: "Güçsüzlerin nasıl kolay ezileceğini, yağ çekmeyi, dalkavukluğu,

yalakalığı, alttan alıp üste çıkmayı, dilenciliği, insanların sağılacak bir inek, eti yenecek bir kuzu olduğunu, Allah, peygamber ve din yoluyla insanların nasıl kandırılacağını, akıllı olmak yerine kurnazlığı" öğretiyorlar. *Kur'an* körün dünyaya baktığı gibi, hastanın sayıklaması gibi okutuluyor, yani Arapça olarak anlamadan. Vurgun vurmada, siyasal nüfuz sağlamada, sosyal bir mevki edinmede araç olarak kullanılmanın yolları gösteriliyor. Atatürk ise insan haklarına saygılı, çalışkan, ülkesini yüceltmek, korumak için canını verebilecek, dinini kendi çıkarı için asla kullanmayacak dürüst, onurlu, saygılı, bilim yolunda koşan, nedeni, nasılı araştıran, ülkesini çağdaş uygarlığa kavuşturmak için çırpınan gençler yetiştirmeyi amaçlamıştı. Ve 1950 yıllarına kadar böyleydi. Köy Enstitülerinin ve Halkevlerinin kapanması ve *Kur'an* kurslarıyla İmam Hatiplerin açılması, ülkemiz gençliğini ne yazık ki biri ileriye, diğeri geriye bakan iki sınıfa ayırdı. Daha önce de yazdığım gibi o iki kız benzeri düşünen binlerce, belki de yüz binlerce var ve yetişmekte devam ediyorlar. Bugün ülkeyi idare edenler de aynı kafayla gelmediler mi?

*Ne kıyafet kanunu ne laiklik varken
1923, 1924, 1925 yıllarında çıkan okul resimlerinde hiçbir kızın
başı örtülü değildi.
1980'lere kadar hiçbir kız da başımı örteceğim demedi.
Baş örtme, 1980 yılında kurucu mecliste Mehmet Yamak adlı
birinin "İmam Hatip kızlarının başları örtülsün" diye
bir demeç vermesiyle başladı.*

~ Ilımlı İslam ve Laiklik* ~

Ülkemizde yeni moda, ılımlı İslam! Bunun açıklaması yapılmıyor bildiğim kadarıyla. Ilımlı olmayan İslam nasıl? Önce bunu irdeleyelim. Bunun tam karşılığı olarak İran ve Suudi Arabistan gösterilebilir. Pekiyi, biz ne zaman onlar gibiydik? Cumhuriyet'ten önce, Osmanlı zamanında. Devlet din kurallarına göre işliyor, padişahlık olmasına rağmen şeyhülislamın, ulemanın sözü önde geliyordu. Bu yüzden matbaa ülkeye 250 yıl sonra girmiş, çağdaş okulların açılması yıllarca gecikmişti. Ailede kadın ev işleri ve çocuk doğurma makinesi olarak kabul ediliyor. Onların okuması, iş yapması, dışarıya yüzü açık çıkması, sokakta bir arada konuşmaları, dükkânlara girmeleri hep yasaklanıyordu. Herkes istese de istemese de dini kuralları uygulamak zorundaydı, uygulamayanlar cezalandırılıyordu.

---

*   08.09.2007.

Cumhuriyet'ten sonra ne oldu? Laiklik geldi. Ne yazık ki 80 yıl sonra devletin Cumhurbaşkanı olan kişi bile laikliği anlamıyor. Laiklik dinin devlet işlerine, insanların günlük işlerine girmemesi. Herkesin dinini inandığı, bildiği gibi yapması, kimsenin bu konuda kimseye karışmaması. İnancın, devlet kurumlarına sokulmaması. Din kıyafetiyle devlet kurumlarında çalışılmaması. En kestirme anlatım bence bu. Tam bir demokrasi. Ülkeye laiklik gelince insanlarda büyük bir rahatlık başlamıştı. Kimse kimsenin korkusu, eleştirisi yüzünden değil, kendi inancı dolayısıyla dininin kurallarını yaptı. Yaptıklarını da başkalarına gösterip ondan yarar sağlama yoluna girmedi. Laiklik dinsizlik değil, hakiki dindarlık demektir. Dinimizde Hıristiyanlıkta olduğu gibi, Allah ile kul arasına kimse giremez. Zaten bu deyim bile laikliği anlatıyor. Herkesin inancı vicdanında. Laiklik çıkınca, onu çıkaranlara yaranmak için hemen dine karşı konuşacak yalakaları susturmak amacıyla onlara üç yıla kadar hapis cezası kondu kanunda. Böylece dinimiz de koruma altına alınmış oluyordu. Laiklik çıktıktan bir süre sonra hiç eğitimi olmayan rahmetli annem "Aman kızım, insanlarımız dinini bırakmaya ne de hevesliymiş, sanki onlara Atatürk 'dininizi bırakın' dedi" demişti. Annem bile laikliğin dinsizlik olmadığını anlamıştı. Herkes öyle rahattı ki, isteyen dininin kurallarını yapıyor, onu ne kimseye gösterip övünme veya yararlanma aracı olarak kullanıyor ne de yapmayana karışıyordu. Ramazanda isteyen yiyip içiyor, isteyen orucunu tutuyordu. Oruç tutanlar, tutmayanlara "Yiyorsunuz!" diye kafa tutmuyordu. Annem, yalnız Ramazan değil Üç Aylarda da oruç tutardı, ama bir gün olsun bize, "Neden karşımda yiyip içiyorsunuz!" dememiştir. Ona göre asıl günah öyle söylemekti. Birlikte çalıştığımız rahmetli arkadaşım Hatice Kızılyay, çalıştığı sürece dini kurallarını yaptı, ama kimseye yaptığını bildirmedi ve bir kez olsun bana da "Sen neye yapmıyorsun!" demedi. Üstelik o, çok kısıtlı yaşayarak azıcık maaşından artırdığı üç beş kuruşun zekâtını bile verirdi. Şimdiki dindar geçinenler, milyarları aşan paraları ve kilolarca altınlarının zekâtını vermeye kalksalar, kim bilir ne kadar fakir insanımızın evi olur, karnı doyardı!

Burada bir anımı yazmadan geçemeyeceğim: Refah Partisi zamanında Gönen'de Refah Partisi'nin belediye başkanı adayı çok kuvvetli, diyorlardı. Ona karşılık başka partinin adayı seçimi kazanmıştı. O günlerde ben Gönen'de banyolardaydım. Orada satıcı kadınlardan birine "Ne yaptınız siz, niçin öteki partiyi kazandırdınız" diye sitemli konuşunca "Bırak Allah aşkına! Bugüne kadar bizim dinimize karışan mı vardı, camiler mi kapalı idi, nereden çıktı bunlar!" demez mi! Başı örtülü bir hanımdı, sarıldım, yanaklarından öptüm. İşte laiklik dindar bir kadınımızın ağzından bugünün Cumhurbaşkanı'ndan çok daha açık anlatılmıştı. Benim anladığım, memleketimizde laiklikle birlikte ılımlı İslamlık başlamıştı. Kimse kimsenin dinine inancına karışmıyor, insanlarımız dinli, dinsiz ayrılmıyordu. Allah herkesin kalbindeydi. Okuyan kızlar asla başlarını örtmeyi düşünmüyorlardı. İşin ilginç yanı daha ne kıyafet kanunu ne laiklik varken 1923, 1924, 1925 yıllarında çıkan okul resimlerinde hiçbir kızın başı örtülü değildi. 1980'lere kadar hiçbir kız da başımı örteceğim demedi. Baş örtme, 1980 yılında kurucu mecliste Mehmet Yamak adlı birinin "İmam Hatip kızlarının başları örtülsün" diye bir demeç vermesiyle başladı. Ben hemen kendisine, bizde bir rahibe sınıfı olmadığını ve laik devletin okullarına din kıyafetiyle girilemeyeceğini yazdım. Ne yazık ki, ne eğitimcilerden ne siyasetçilerden ne de aydın geçinenlerden bana katılan olmadı, hatta, Ecevit'ler ve YÖK bile onaylar göründüler bu durumu. Hepsine kınama mektubu gönderdim. Ondan cesaret alan Erbakan takımı, liselerde, üniversitelerde çalışkan ve fakir kızları bularak başlarını örtme koşuluyla aylığa bağladılar. Bu çocuklara da o zamanlar "Laik devletin okuluna din kıyafetiyle gelemezsin!" denmedi. Hatta, bazı aydın geçinenlerimiz onu demokrasiye ve hoşgörüye bağlamaya kalktılar. Sonunda bu örtü bir "başbohçası"na, alınlarındaki şeritle de rahibe kılığına döndü. Etekler yerleri süpürecek kadar uzadı. Sonunda bu kıyafet bir parti ve dindarlık simgesi haline girdi. Bu kıyafette olanlar, erkeklerimiz tarafından "namuslu" olarak kabul edilmeye başladı. Kızlar iyi koca bulmak için kapanmaktan çekinmediler. Çünkü onlar dişleri, tırnaklarıyla uğraşıp almamışlardı özgürlüklerini. Köleliğe alışmışlardı. Erkekler vermişti hakları onlara, şimdi geri alıyorlardı. Ne yazık ki, gazeteci kadınlarımız bile kendilerini bekleyen sonuca aldırmadan onları savunmaya kalktı.

Şimdi ülkemiz ılımlı İslam mı oluyor bakalım... Başı bohçalı hanımlar "dinli", başı açık olanlar "dinsiz" (!) kabul ediliyor. Daha önce böyle bir ayrım yoktu. Lokantalarda bile namaz kılmak için yer aranıyor. Yemek yenecek yerlerin namaza ayrılması için zorlanıyor. Halbuki dinimizde kaza namazı var. Akşam evinde kılarsın namazını. Hayır, herkese göstermek gerek, başarı puanı almak için! Ramazanda lokantalar akşam yemekleri dışında açılmayacak. Okullara mescit isteniyor, küçük çocuklara zorla namaz kıldırılıyor ve anlamadıkları dualar ezberletiliyor. Ne kadın ne de çocuk hakları var ortada. Allah da artık kalplerden sokağa indiriliyor. Dine sarılan erkekler, mayolu kadın resimlerinden bile etkileniyorlar. Diğer erkeklerin hissi yok mu acaba?!

Askerlerimiz, vatanımızı korumak için düşmana karşı şehit oluyorlar. Ninelerimiz bu vatanı özgür yapmak için çocuklarını bile feda edip cepheye koştular. Şimdi ise laik devletin en başı Cumhurbaşkanı'nın eşi olan hanım ülkesinin yararı adına, başına bağladığı bir eşarbı çıkarıp eşi gibi çağdaş bir kıyafete giremiyor. Neden, koca korkusu. Çünkü kocası onun başı yoluyla o mevkie geldiğine inanıyor. Halbuki seçimi kazanmanın, eşlerinin başından çok, oy için verilen paralar ve rüşvetlerle olduğunu hepimiz biliyoruz. Oysaki *Kur'an*'da rüşvet vermek günahtır. Ayrıca kadınların başlarını örtmesi ne İslam'ın şartı ne de farzı. *Kur'an*'da örtmeyenlere cehennem, örtenlere de cennet sözü yok. Ama şimdi yine parayla kızların, kadınların başları örttürülüyor. Bunun kimse farkında değil görünüyor... Bu paralar nereden geliyor, soran arayan yok. Erkek baskısı alıp başını gidiyor, zavallı, aptal kadınlar para yüzünden kendilerini ve kızlarını yeniden köleliğe sürüklediklerini anlamıyorlar. Uzun lafın kısası, biz laik devlet olarak tam ılımlı İslamdık. O zaman da başörtüsü örten kadınlar vardı, ama laik devletin kurumlarında okuyan çalışanların aklına örtünmek gelmiyordu. AKP iktidarıyla ülkemizden ılımlı İslam yok edilip koyu İslam getirilmek istenmektedir. Bunun en belirgin örneği de laik devletin en baş idarecileri kendileri en modern şekilde giyindikleri halde eşlerini sözde din (!) kıyafetinde resmi törenlere sokmaya çalışmaları. Bunu hoş görmeye çalışan gafillere, özellikle kadınlara kızıyor, acıyor, ülkem namına çok çok üzülüyorum.

Haydi hayırlısı...

Din kitabımız Kur'an'da "Başını örtmeyen kadın Müslüman değildir. Başını örtmeyen kadın cehenneme gidecek veya kadına başını örttüren cennetlik olacak" gibi zorunluluklar olmadığı halde, kendi siyasal emellerine kadınların başlarını örttürerek kavuşmak isteyen, örtüyü siyasi bir simge yaptıran erkek baskısı değil mi?

~ Kadınlara Yazılan Dizeler İçin* ~

Bundan tam 30 yıl önce, kadınlar üzerinde alttan alta baskıların başladığını görerek aşağıdaki dizeleri yazmıştım. Bugün bu baskı çeşitli yollarla gün ışığına çıkmış durumda. Töre cinayeti adı konulan cinayetler son hızla devam ediyor. Kadına dayak atmak adeta bir zorunluluk. İmam nikâhı diye, devlet nikâhlı kadının üstüne bir kadın getiriyor erkekler. Bu her iki kadın için büyük bir baskı. Nikâhsız olanın hiçbir kanuni hakkı yok erkek üzerinde. Kolundan tutup atar, zavallının başta cinsel hizmet olmak üzere adama yaptığı bütün hizmetlerin karşılığı bir boğaz tokluğu. Diğer kadın da büyük bir psikolojik baskı altında. Annem "Hayvan bile yalağını kıskanır" derdi. Kadının elinde geçimini sağlayacak bir işi veya geliri yoksa, ailesi böyle yaşamasını mecbur ediyorsa o kadın ne yapsın? Bu durumda erkek, kadınlar üzerinde ne tür psikolojik bir baskı yaptığının farkında değil, o yalnız parasının gücüyle aldığı malların keyfini sürmekte. Elinde işi, mesleği olan

---

* 03.07.2009.

bir kadın buna asla katlanamaz. İşte bunun için Atatürk kadınların eğitim almasını, erkeğe maddi olarak muhtaç olmadan yaşayabilmesini istemişti.

Din kitabımız *Kur'an*'da "Başını örtmeyen kadın Müslüman değildir. Başını örtmeyen kadın cehenneme gidecek veya kadına başını örttüren cennetlik olacak" gibi zorunluluklar olmadığı halde, kendi siyasal emellerine kadınların başlarını örttürerek kavuşmak isteyen, örtüyü siyasi bir simge yaptıran erkek baskısı değil mi?

Bunun en güzel örneğini devleti idare edenlerde görüyoruz. Sözüm ona laik devletin Cumhurbaşkanı ve Başbakan'ın eşleri. Eğer bu kadınlara eşlerinin baskısı olmasa onlar her yere Hıristiyan rahibelerinin başlarının kopyası bir baş kapaması ve en pahalı kumaşlardan, ama hiçbir şeye benzemeyen topuklarına kadar giysi, ona karşılık bir karış topuklu ayakkabı, yüz göz boyalı bir kılıkta, kendileriyle içten içe alay eden dünya yüzüne çıkmazlardı. Eğer onlar kültürlü, kendilerinden emin bir kadın olsalardı, Atatürk sayesinde elde ettikleri mevkii bilir, ona göre giyinir, kocalarına da bunu öğretirlerdi. Ama koca baskısı her şeyden üstün, yapamazlar! Nerede kadın hakkı, nerede AB kuralı?

Lafı nereden nereye getirdik. Şimdiye kadar benim dizelerin bir yararı olmadığı, anlaşılıyor, ama bundan sonra olacaktır belki.

> Ey Türk kadını kulak ver bana!
> Neler neler borçlusun aziz Ata'na!
> Ece iken düşmüştün köleliğin ağına
> Din! Gelen bir nimetti erkeğin ayağına,
> Baban seni mal yaptı, kocana ırgat sattı.
> Ağzın dilin bağlandı, kafan uykuya daldı.
> Uyandırmak için seni bin yıllık uykudan,
> Kurtarmak için kafeslerin ardından,
> Eşit alman için erkeğinle her haktan,
> Bilir misin yoluna baş koymuştu Ata'n!

Becerini sen de göresin, diye
Bilimde simge yaptı Afet'i İnan!
Uçurdu göklere Gökçen'i ardından,
Yepyeni yollar açtı durmadan.

Artık döndürmesin kimse bu yoldan seni!
Aldığın hakları sakın ha verme geri!
Her attığın adımda Ata'nı hatırla e mi?

Başbakan'ımızın eşinin o acayip görünüşlü kıyafetlerinin dış dünyada hiç de normal karşılanmadığını, içten içe alay edenlerin bir gün patlayacağını düşünüyordum. Evet, resmen aşağılanıyordu Türkiye Cumhuriyeti Başbakanı'nın eşi, görüntüsü, kılığı kıyafeti yüzünden. Onun yoluyla bütün Türk kadını da.

~ Türk Kadınına *New York Times*'tan Vurulan Tokat* ~

Bu ara ileti olarak bilgisayara gelen bir yazı ve fotoğraflar beni dehşete düşürdü. Neydi beni bu kadar etkileyen bu yazı ve fotoğraflar? 15 Aralık 2009 tarihinde Başbakan Recep Tayyip Erdoğan ile eşinin Washington ziyareti hakkında.

Ne zamandan beri bekliyordum böyle bir yazıyı. Başbakan'ımızın eşinin o acayip görünüşlü kıyafetlerinin dış dünyada hiç de normal karşılanmadığını, içten içe alay edenlerin bir gün patlayacağını düşünüyordum. Nihayet Amerika'da *New York Times* gazetesinde yazar Barry Rubin dayanamadı herhalde, yazdı yazacağını. Yazıyı okuduğum zaman kalbime bir hançer saplandı sanki, gözlerim yaşlarla doldu. 80 yıl sonra Türkiye Cumhuriyeti kadını, Atatürk'ün yetişmelerine o kadar özen gösterdiği, baş koyduğu kızları böyle mi aşağılanacaktı?

Evet, resmen aşağılanıyordu Türkiye Cumhuriyeti Başbakan'ının eşi, görüntüsü, kılığı kıyafeti yüzünden, onun yoluyla bütün Türk kadını da...

---

* 06.01.2010.

Yazının başından: "Obama'lar bakmalarına rağmen Ortadoğu kadınlarının trajik kaderini görmüyor. Şu fotoğraftaki görüntüye bakın! Türkiye modernleşme çabası içinde ve Batı dünyasında yer almaya çabalayan laik bir ülke olarak görülmektedir. Bu rüya artık kâbusa dönüşüyor. AKP rejimi aile değerlerine sahip bir merkez sağ olma iddiasına rağmen Türkiye'yi İslamizm yoluna doğru götürmektedir. Dehşete düşmüş laik ve liberal Türk halkının yardım için bağırıp çığlık atmasını Washington ve Batı dünyası genelde görmüyor."

Bundan sonra yazar eline fotoğrafı alarak onu inceliyor: "Obama'yla görüşmek üzere Washington'a gelen Başbakan Tayyip Erdoğan ve eşinin karşılanma seremonisini gösteren şu fotoğrafa bakın! Öyle abartılı olmasa da Erdoğan'ın eşi Emine'nin hicap (Türkiye'de türban deniyormuş) giymesi bir tarafa, görünüşüne ve haline bir bakın! Kendini geri planda tutan hımbıl bir köle gibi duruşuna bakın! Bu resmi şöyle okuyabiliriz: 'Ben önemli biri değilim.' Onun bu şapşal durumu ile resimde görülen diğer üç kişinin gururlu bir tarzda dimdik duruşlarını karşılaştırın! Birinci fotoğrafta onun (Emine'nin) elbisesinin kolları o kadar uzun ki, kontrol edemediği ellerini gizlemektedir. Başı sanki kadın olmanın verdiği utanç ve teslimiyetle aşağı düşmüş bir pozda. Dördüncü fotoğrafta o, görevini tamamlayıp sessizce odadan sıvışan bir hizmetçi gibi.

Fotoğrafların sırasına bakıldığında Atatürk Cumhuriyeti kapsamında öngörülen eşitlik durumu kaldırılarak Türk kadınını ikinci vatandaş ve köle haline indiren bir durumu sembolize etmektedir. Bu durum halkının çoğunluğu Müslüman olan birçok ülkede görülen durumdan daha kötüye gitmektedir. Mısır, Irak hemen akla gelenler. Ancak Obama'lar gözleri önünde olanları fark edememişler. Onlara göre Türkiye İran-Suriye ittifakına kayan, Nato ülkesi olmaktan ziyade, ılımlı bir Müslüman demokrasisinin bir örneği olmakta ve bunun için alkışlanmaktadır. Bu fotoğraflara bakın ve ürperin!"

Evet, Bayan Emine'nin kıyafeti, duruşu hakkında bunları yazmış Amerikalı yazar. Bu kadınlarımızı büyük bir aşağılama ve aynı zamanda yakında size geliyor, diye şiddetli bir uyarıdır. Ama bunda suçlu kim? Kendi siyasal hırslarını tatmin için kadınlarımızı o hale sokan, onların uyanmasını istemeyen erkekler değil mi? Kültürsüz ve görgüsüz eşlerini garip kıyafetlerle birer hizmetçi gibi arkalarına takıp götüren eşlere şaşmamak elde değil. Onların yanında en büyük suçlu da sözde laikliği bilen, Atatürk Cumhuriyeti'ni koruduğunu düşünen bütün kadınlarımız, bütün kadın derneklerimiz. Bu kadınlara "İnancınıza göre ne giyerseniz giyinebilirsiniz ancak laik Türkiye Cumhuriyeti kadınlarını, inanç kıyafetiyle temsil edemezsiniz. Eşlerinizin arkasından ikinci sınıf vatandaş olarak gidemezsiniz, evlerinizde oturunuz", diyemediler ve böylece Bayan Emine'ye giydirilen "köle", "şapşal", "hizmetçi", "korkunç" niteliklerini üzerlerine almış oldular. Bu suskunluk sürdüğü sürece herkesin aynı kılığa gireceği, ikinci sınıf olacağından kuşku duyulmasın.

Topkapı Sarayı Müzesi'ndeki "Kutsal Emanetler" diye saklanan birçok eşya onun bunun saraya, bahşiş almak için getirdikleri nesneler. Fatıma Anamızın seccadesi denen seccade 17. asır halısı. Peygamber'in teyemmüm taşı olarak saklanan, bir Asur tableti. Buna göre daha birçokları... Bunları bir kitap halinde toplayan ilk müze müdürü Tahsin Öz'ün 1953 yılında basılan kitabı, ne yazık ki zamanın hükümeti tarafından hemen toplattırıldı.

~ Memleketi Ayağa Kaldıran Sakal-ı Şerif Hakkında[*] ~

Gazetelerde, TV'lerde bir SAKAL davası sürüp gidiyor. 21. yüzyılda hâlâ devletimizin Başbakanı'ndan Kültür Bakanı'na kadar ilk çağın insanları gibi totem peşinde koşuyoruz. Bunu önlemek için Hz. Muhammed "Ya Rab, benim eşyalarımı tapınak vasıtası yapma" demiş. Bu hadis, Peygamberin ağzından çıktığını, bütün hadisçilerin kabul ettikleri 17 hadisten biridir. Bu sözü söyleyen Hz. Muhammed tıraş olurken kıllarını toplattırır mıydı? Dünyada yüzlerce sakal-ı şerif, diye tanımlanan kıl var. Hepsi uydurma. Topkapı Sarayı Müzesi'ndeki "Kutsal Emanetler", diye saklanan birçok eşya, onun bunun saraya, bahşiş almak için getirdikleri nesneler. Fatıma Anamızın seccadesi denen seccade 17. asır halısı. Peygamberin teyemmüm taşı olarak saklanan, bir Asur tableti. Buna göre daha birçokları... Bunları bir kitap halinde toplayan ilk müze müdürü Tahsin Öz'ün 1953 yılında basılan kitabı,

---

[*] 12.10.2005.

ne yazık ki zamanın hükümeti tarafından hemen toplattırıldı. O günden bugüne ülkeyi aynı kafada olanlar idare etti. Uydurulmuş şeylere inanmak, doğruları araştırmaktan daha kolay geliyor insanımıza. Bu sakal olayı bana başka bir olayı hatırlattı. 1970-78 yılları arasında eşim Kemal Çığ Topkapı Sarayı Müzesi müdürüydü. Daha önce de müdür yardımcısı, kitaplık şefi olarak 1944 yılından beri çalışıyordu müzede. Müdürlüğü esnasında o zamanın Diyanet İşleri Başkanı Lütfü Doğan Kutsal Emanetleri ziyaret etmek için randevu istiyor. Kemal Çığ gazetecileri getirmemek koşuluyla halka kapalı olan bir günde randevuyu veriyor. Kararlaştırılan günde büyük bir cemaat akın ediyor Kutsal Emanetler salonuna. Peygamberin hırkası olarak tanımlanan hırka çıkarılıyor. Gelenler büyük bir huşu içinde dualara, *Kur'an* okumalara başlıyorlar ve sonunda her ay bu ziyareti yapmaya karar veriyorlar. Salonda iş bitince eşim baştakileri odasına kahve içmek için davet ediyor. Tam kahveler bitmek üzere iken Kemal Çığ "Hazır bütün din büyüklerimiz burada iken kafamı kurcalayan bir soruyu sormak istiyorum" diyor ve sorusunu soruyor: "Benim bildiğime göre Hz. Muhammed'in ağzından çıktığında bütün muhaddislerin hemfikir olduğu 17 hadisten biri 'Ya Rab benim eşyalarımı tapınak vasıtası yapma'dır. Şimdi sizin hırkaya ve diğer eşyalara dualar yapmanız bu hadise karşı değil midir?" der. Hepsi birden yerlerinden fırlar bir şey söyleyemeden oradan ayrılırlar. Fakat her ay gelmeyi istedikleri halde bir daha uğramamaları sorusunun yanıtı olmuştu.

Şimdi ben de bugünkü hocalarımıza soruyorum: Böyle bir hadisi biliyor musunuz? Biliyorsanız neden bir sakal kılı, bir hırka peşine düşenleri, onlara dua edip onlardan medet umanları uyarmıyorsunuz?

"Teessüfle işitiyoruz ki, milletin tarihini okumamış, milli histen mahrum kalmış olması lazım gelen bazı şahıslar, yabancıların ileri sürdükleri suçlamaları reddetmedikten başka vatanlarını, milletini suçlu göstermekten çekinmiyorlar. Hâlâ bugün Galatasaray okulunun salonlarını aleyhimize konferans verdirmek için açık bulunduranlar var. Bu gibilere lanet!"

~ Çok Anlamlı Bir Miting[*] ~

14 Nisan, 29 Nisan ve 5 Mayıs tarihlerinde toplanan o kalabalıkları, binlerce, yüz binlerce, milyonlarca insanı, o coşkuyu Kanal Türk'te büyük bir heyecan ve gözlerim dolarak izledim... Ne yazık ki, ben onların arasında olamadım. Çocuğundan yaşlısına, kadınından erkeğine, örtülüsünden açığına niçin geldiniz, sorusu hep aynı yanıtı aldı: ATATÜRK YOLU. Bu gelenlerin hiçbiri ne parti ne devlet zoruyla gelmişti. Yalnız özgür düşünceleri, ulus, kültür ve vatan bağıydı onları bir araya getiren. Bu amacı milletimize anlatan ve sağlayan da Atatürk'tü. Onun için herkes ona koşuyordu. Koşamayanlar da bayraklarla donattı evlerini. O ne demişti? "Bir millet varlığı ve hakları için bütün gücüyle, bütün fikri ve maddi kuvvetleriyle ilgilenmezse, bir millet kendi gücüne dayanarak varlığını ve bağımsızlığını temin etmezse şunun bunun oyuncağı olmaktan kurtulamaz." Ülkemizi idare edenlerin ne tarihten ne siyasetten ne laiklikten haberi yoktu. Bir başıboşluk almış yürüyor-

---

[*] 07.05.2007.

du. Halkımız uyanmıştı artık, onlar küçük bir kıvılcım bekliyordu. ADD yaktı bu kıvılcımı. Daha önce *Cumhuriyet* gazetesinde, Kanal Türk'te başlamıştı bu kıvılcım. Kendilerine sonsuz teşekkürler. Bu gösteriyor ki, halkımız uyumuyor. Ülke topraklarının, varlıklarının satılmasını, Lozan'la güç bela başımızdan attığımız kapitülasyonların geri getirildiğini, bütün değerlerimizin yabancılara peşkeş çekildiğini görüyor, içi sızlıyordu. Bunları yapanların da ülkeyi yabancılara teslim ettikten sonra mal mülk edindikleri, kul köle oldukları Amerika'ya kaçacaklar, diyorlardı. Ne korkunç! Bu toplantıya neden olanlar korkmalı ve derin derin düşünmelidir. Yalnız halkın bu coşkusunu vermeyen TV kanalları ve gazeteler herkesi çok üzdü. Bu gemide onlar da var! Ama ben hep bekliyordum böyle bir uyanışı, canlanmayı. Devrimimizi tamamlamaya 20 yıl var, son aşamadayız bunu da mutlaka aşacağız diyordum. Bana bazıları dudak bükerek "Ne kadar da iyimsersiniz" diyorlardı. Evet, hep öyle oldum. Hiç umudumu kaybetmedim, görüyordum nerelere geldiğimizi. 80 yıl önce okuması yazması olmayan bir milletin evlatları, Atatürk'e bize güvenmekte haklısın, diyerek sanatta, bilimde dünya çapında atılımlar yaptılar. Onlar uyumuyorlardı. Yabancıların boyunduruğuna girmemek için kanla yıkanmış bu toprakları onlara yeniden teslim etmeyeceklerdi. Bu uyanıştan, umudum doğruymuş diye çok mutluyum. Bu arada sayın Genelkurmay Başkanı Yaşar Büyükanıt'ın çok değerli ve anlamlı konuşmasında AB'nin Türkiye'yi bölmek için halkımız arasında uydurdukları grupları açıkladı. Biz bütün bu gruplarla silah arkadaşlığı yaparak bu toprakları saldırıcıların elinden kurtardık. Bunlardan hiçbiri Ermeniler gibi kendi bulundukları toprakları da kurtarmak için savaştığımız doğuda Ruslarla, güneyde İngiliz ve Fransızlarla bir olup beraber yaşadıkları kapı komşularına silah çekmediler. Yunan ordusu Türk topraklarını işgal etmeye başlayınca Rumlar gibi onlara yardım etmeye, komşularını öldürmeye kalkmadılar. Hangi hakla böyle bir ayrıma girebilirler? Bu miting de onu gösterdi. Hükümet olarak, halk olarak bunların ağza alınmasına bile meydan vermemeliyiz. Ne yazık ki, bunları düşünmeyip onların dediklerine kapılan zavallı sözde okumuş ve aydın geçinenlerin bundan yüzyıl öncekilerden farklı olmadığını üzülerek görüyoruz. Atatürk'ün Ankara'ya ilk gelişlerinde halka şöyle söylemişti: "Teessüfle işitiyoruz ki, milletin tarihini okumamış, milli histen mahrum kalmış olması lazım gelen bazı şahıslar, yabancıların ileri sürdükleri suçlamaları reddetmedikten başka vatanlarını, milletini suçlu göstermekten çekinmiyorlar. Hâlâ bugün Galatasaray okulunun salonlarında aleyhimize konferans verdirmek için açık bulunduranlar var. Bu gibilere lanet!" Bugün de aynı değil mi? En değerli saydığımız üniversiteler salonlarını böyle düşünen satılmışlara açmadı mı? Ama halkın bu coşkusu artık kesilmeyecektir. Musluklar açıldı. Selin gittikçe çoğalarak büyüyeceğinden kuşkum yok. Satılmışların biraz olsun vicdanları varsa, bu coşku karşısında yaptıklarına pişman olacaklar, hatta korkacaklardır.

Ellerine altın tepsi içinde verilen kadın erkek eşitliğine
son veren, başlarına sardıkları o güzelim eşarplar
yarın boyunlarını öyle sıkacak ki,
erkekler tarafından kendi çıkarları için nasıl
kandırıldıklarını anlayacaklar
ama iş işten çoktan geçmiş olacak

~ Yorum Farkı* ~

Birkaç gün önce üç arkadaş taksiyle gidiyorduk. Yolumuz oldukça uzun ve trafikte pek fazlaydı. O yüzden çenelerimiz açılmış, şoföre aldırış etmeden Başbakan'ın şeriat hakkındaki söylediklerinden, ülkenin geri götürülmeye çalışıldığından, kızların örttürülmesiyle kadın haklarının kaldırılacağından, küçük çocukların zorla *Kur'an* kurslarına gönderilerek çocuk haklarının hiçe sayıldığından söz ediyorduk. Şoför birden dayanamadı herhalde, konuşmalarımıza karıştı. "Bayanlar ben hiç tasalanmıyorum, sizin söylediklerinizden. Oh ne ala ben erkeğim. İstediğim zaman dört kadına kadar alabileceğim. Beğenmediğimi bir 'Boş ol' sözüyle kapı dışarı bırakabileceğim. Nafaka davası da yok. Başbakan üç çocuktan aşağı çocuk yapmayın dediğine göre onların bakımını, eğitimini, sağlığını devlet üstlenecek herhalde. O yüzden çocuk olacak korkusu olmadan keyfimi rahatça yapabileceğim. Babamdan bütün miras bana düşecek, kız kardeşlerim hava alacak. Karılara da miras yok."

---

* 07.10.2007.

Biz hemen "O kadar kadına nasıl bakacaksın?" diye sorduk. "Onları çalıştırtacağım kuşkusuz. Kazandıkları parayı da bana vermek zorundalar. Kadınlarımız şeriat yoluyla malımız olduğuna göre istediğim gibi onları kullanabileceğim. O yüzden devlettekiler ne yaparlarsa yapsınlar bana göre haklıdırlar. Erkeklerin hemen hepsi de benim gibi düşündüğüne, halkımızın yarısı erkek olduğuna ve devleti idare edenlerin de erkek olduğuna göre kadınlar düşünsün başlarına gelecekleri. Ellerine altın tepsi içinde verilen kadın, erkek eşitliğine son veren, başlarına sardıkları o güzelim eşarpları yarın boyunlarını öyle sıkacak ki, erkekler tarafından kendi çıkarları için nasıl kandırıldıklarını anlayacaklar ama iş işten çoktan geçmiş olacak" dedi. Duyduklarımızdan hepimizin ağzı açık kaldı. Ne güzel özetlemişti sürücümüz olacakları. Sürücülerle konuşmaktan genellikle çok hoşlanırım. Bazıları öyle akıllı ve bilgiççe şeyler söylerler ki, değme üniversiteliden duyamazsınız onları.

Zavallı kızlarımız daha çocuk yaşta *Kur'an* kurslarında kandırılmaya başlanıyor, beyinleri yıkanıyor. Kadınların İslam olması için başını örtmesi ne şart ne de farz. *Kur'an*'da böyle bir şey yazılmadığı gibi başını örtmeyen cehenneme, örten cennete gidecek de demiyor. Hocalık taslayanlar, cehennemde açılmış saçların kadınların başına yılan olup sarılacağını söylüyorlarmış. Bu bir Yunan Tanrıçasının niteliği. Yunanlıların efsanesini alıp dinimize sokmak ne demek? Başka biri de başları açık kadınlar, ahrette saçlarından asılacakmış. Yok böyle şeyler *Kur'an*'da. *Kur'an*'ı Arapça okutturarak insanlarımızın anlamasını önlüyor hoca kılıklı kimseler, istediklerini söylüyorlar. Atatürk *Kur'an*'ı dilimize çevirttirerek dinimize en büyük hizmeti yaptı. Ama kurnaz hoca geçinenler ona da "Yanlış çevirmeler yapıyorlar" diye bir kulp bulmuşlar. Hiç anlamamaktan, iki yanlış anlaşılması uydurmalardan çok daha iyidir herhalde. Hem dinimiz hem ülkemiz nereye doğru gidiyor böyle?

*Yüksek düzeyde bir hükümet sözcüsü,
daha doğrusu devletin başkan yardımcısı,
Amerika'nın en önemli bir gazetesine "Atatürk devrimleri
travma yarattı, bir gece önceki okuma yazma oranı sıfıra düştü"
diyor. Asıl travma onun bu sözü. Bu gösteriyor ki,
devrimleri hiç ama hiç okumamış, incelememiş bu beyefendi!
Başlangıçta sözü edilen travma olayını,
ilk olarak medreselerin kapanmasıyla,
sonra da yazı değişimiyle yaşayan
karanlık kafalı medreseliler oldu.*

~ Atatürk Yazı Devrimini Nasıl Yaptı?* ~

Yüksek düzeyde bir hükümet sözcüsü, daha doğrusu devletin başkan yardımcısı, Amerika'nın en önemli bir gazetesine "Atatürk devrimleri travma yarattı, bir gece önceki okuma yazma oranı sıfıra düştü" diyor. Asıl travma onun bu sözü. Bu gösteriyor ki, devrimleri hiç ama hiç okumamış, incelememiş bu beyefendi! Normal bir vatandaş olsa bu hoş görülebilir ama, bir hükümet sözcüsünün, dünyanın en önemli gazetesine bunu söylemesi, devleti idare edenlerin kendi yakın tarihlerini bilmeyecek kadar cahil olduklarını göstermesi bakımından çok üzücü yürek yakıcı. İşin aslını, nasıl olduğunu belki Amerika halkı bilemez, fakat gazetecileri, bilim insanları pekiyi bilirler. Devrimleri, başında ve

---

* 27.10.2008.

sonunda Amerika gazetecileri gelip gördü, yazıp çizdiler, üniversitelerde araştırma konusu oldu. Ne yazık ki, bu şahsın yazı devriminin nasıl yapıldığından hiç haberi olmamış. Bilmiyorsun bari sus! Tam kara cahil cesareti! Bir gecede hangi okuma yazma vardı ki sıfıra düştü? Memurların dışında okuma yazma bilen yoktu ki. Onlar da basmakalıp olanların dışında bir şey bilmiyorlardı.

Bu olay beni o kadar üzdü, o kadar sinirlendirdi ki, yazı devriminin nasıl başlayıp nasıl sonuçlandığını yazmak istedim. Öğrenmek lütfunda bulunurlarsa ne âlâ, bulunmazlarsa cehaletlerine devam etsinler, ama ne olur uydurma konuşup ülkemizi rezil etmesinler.

Atatürk bazı arkadaşları ve bilim insanlarımızla bu yazı değişiminin nasıl yapılacağı, dilimiz için hangi harflerin nasıl kullanılacağı üzerinde tartışmaları başlatmıştı, ama henüz halkımızın bundan haberi yoktu. Atatürk, 9-10 Ağustos 1928 gecesi İstanbul Gülhane Parkı'nda, Cumhuriyet Halk Fırkası'nın düzenlediği eğlence gecesine ansızın gidiyor. Büyük bir coşkuyla karşılanan Atatürk bir Arap müzisyeni hanımın şarkılarını dinledikten sonra bir kâğıda bir şeyler yazıyor ve oradakilerden birine okuması için veriyor. Doğal olarak okuyamıyor. Atatürk: "Vatandaşlar bu notlarım yeni Türk harfleriyle yazılmıştır. Kardeşiniz henüz alışmadığı için okuyamadı. Bunu hepinizin beş on gün içinde öğrenebilmenizi isterim. Arkadaşlar güzel dilimizi ifade edebilmek için yeni Türk harflerini kabul ediyoruz. Arkadaşlar, bizim güzel, ahenkli, zengin dilimiz yeni Türk harfleriyle kendini gösterecektir. Yüzyıllardan beri kafamızı demir çerçeve içinde bulunduran, anlayamadığımız işaretlerden kendimizi kurtarmak ve buna gerek olduğunu anlamak zorundayız.

Yeni Türk harflerini herkes öğrenmelidir. Onu her vatandaşa kadına, erkeğe, çobana hamala, sandalcıya öğretiniz. Bunu vatanseverlik, milliyetseverlik görevi biliniz. Bunu yaparken düşününüz ki, bir milletinin yüzde onu, yüzde yirmisi okuma yazma bilir yüzde seksen doksanı bilmezse bu ayıptır."

Atatürk'ün bu sözleri son derece coşkun alkışlarla karşılanıyor. O da kadehini her kesin şerefine kaldırıyor. Bu halk arasında daha büyük heyecan yaratıyor.

Gazi bundan sonra arkadaşlarıyla Dolmabahçe Sarayı'nda yazı üzerinde çalışmalar yapıyor. 17 Ağustos'ta Avrupa seyahati için Gazi'ye veda etmeye gelen gazeteci Yunus Nadi, onu bu çalışmalar arasında buluyor. Hemen onu da çalışmalarına katıyor Gazi. Bunlar, kullanılacak harflerin Türk yazısına nasıl uydurulacağı konusunda. Yunus Nadi, Gazi'nin çalışmasını şu şekilde özetliyor:

"Gazi'nin, çözmek üzere eline aldığı her konu her iş, o ister milletin bağımsızlığı veya asla erişilemez sanılan her hangi bir ideali olsun, o sonunda mum olur erir ve mutlaka istenilen şekli alır. Bu muazzam gücün başarı sırrını, galiba şu iki noktada özetleyebiliriz:

1- Tutulan iş, milletin ve vatanın yararına en iyi şekilde uyacak bir iş olacak.

2- Gazi ona kendi benliğini katarak bu işi bütün milletin bir işi haline koyacak. Bu yolu izleyerek bunu başarıncaya kadar çalışır." (*Atatürk'ün Bütün Eserleri*, c.22, s.165)

Bundan sonra Gazinin yeni yazıyı tanıtmak amacıyla yurt gezisine çıktığını görüyoruz. 23 Ağustos'ta Tekirdağ'a gidiyor. Orada ilk olarak karatahta üzerinde halka yazı yazdırıyor, yazamayanlara nasıl yazılacağını gösteriyor. Sonunda "Memurların hepsini sınavdan geçirdim. Sokaklarda, dükkânlarda halkla alıştırma yaptık. Arap harfleriyle hiç yazmak okumak bilmeyenlerin yeni Türk harflerine derhal alışmış olduklarını gördüm. Henüz ellerinde yetkili makamların onayladığı bir rehber olmadan, henüz millet öğretmenleri yol göstermeden koca Türk milletinin hayırlı olduğuna inandığı bu yazı meselesinde bu kadar şuurlu bir anlayış ve özellikle acelecilik ve canlılık göstermekte olduğunu görmek benim için cidden büyük, çok büyük mutluluktur. Bu husus yabancıları hayrete düşürecektir" diyor. Gerçekten böyle olduğunu 1

Mart 1929'da İngilizlerin Heceyi Sadeleştirme Cemiyeti'nin şu yazısından öğreniyoruz: "İngiliz Heceyi Sadeleştirme Cemiyeti'nin biz Glasgow Şubesi, milli alfabeyi ıslah etmekte attığı makul ve cesur adımdan dolayı Türkiye Cumhuriyeti Reisi Gazi Mustafa Kemal hazretleri ile hükümetini kutlar ve ilerleme yolunda çocukların ayaklarına dolaşan enkazı hâlâ muhafaza etmekte bulunan milletimizle diğer milletlere yol gösterdiğinden dolayı da teşekkür ederiz. Cemiyet, bu ıslahatın sonucu olarak Türk halkının kültür, ticaret ve uluslararası ilişkilerde büyük ilerleme göstereceği, şimdiden umut dolu olarak görür."

Cemiyet namına: Patricia F. E. Marley (*Atatürk Bütün Eserleri*, c.22, s.311).

Gazi 14 Eylül'de İzmir vapuruyla Samsun'a gidiyor. Yolda uğradığı Sinop'ta, bahçeye karatahta koydurarak kadın, erkek, yaşlı genç öğrendiklerini yazdırıyor, bilemediklerini yazıyor. Hele onlar arasında yazıdan hiç haberi olmayan arabacı Bekir Ağa'ya AT yazdırması çok ilginç bir olay olmuş. Aynı şekilde Samsun'da, meydandaki karatahta, halkın büyük ilgisiyle yeni yazının bir deneme, sınav yeri oluyor. Daha sonra arabayla Sivas'a doğru yola çıkıyor Gazi. Yol üzerindeki köylerde arabasını durdurarak köylülere yeni harfleri öğrenip öğrenmediklerini soruyor ve onları sınıyor. Köylüler yeni Türk alfabesine "Gazi alfabesi" diyorlar. Sivas'ta yine karatahta geliyor meydana. Meydanı çeviren memur, öğretmen, öğrenci, subaydan kimseleri çağırarak yeni yazıyı yazdırıp okutuyor. Hiç yazı bilmeyen bir kasaba, adını yazdırıyor. Öğrettiklerini başkalarına öğretmelerini öneriyor. Oradan Kayseri yolundaki Şarkışla'da, Gesi nahiyesinde, 20 Eylül 1928'de geldiği Kayseri'de, oradan geldiği Yerköy'de meydanlara konan karatahta üzerinde halka yeni yazıyı yazdırıyor, öğretiyor Gazi. Son geldikleri yerde kırmızı renkli kumaş üzerine beyaz renkte yeni harflerle işlenmiş "Halkımız Büyük Kurtarıcısını Tazimle Selamlar" döviziyle karşılaşıyorlar. Gazi, karşılayıcılara hemen "Yeni yazılarımızı öğreniyor musunuz?" sorusunu yöneltiyor. Onlar da "Yeni yazıyı öğrenmek bizim için milli haysiyet ve vicdan borcudur" yanıtını veriyorlar. Bunlar harfleri daha 1927 yılında yayımlanan alfabe çalışmalarını içeren kitaptan, gazetelerden öğreniyorlar.

Gazi bu gezisinde halkın, henüz kanun haline geçmemiş bu yazıyı öğrenmekteki hevesi ve yeteneğine hayran oluyor ve şöyle diyor: "Türk milletinin hayırlı olduğuna kanaat getirdiği bu yazı meselesinde bu kadar yüksek şuur ve intikal ve acelecilik göstermekte olduğunu görmek benim için gerçek bir mutluluktur."

O, yazı sınavı yaparken, halkın yazıda öne çıkan sıkıntılarını dinlemiş ve Ankara'ya dönünce bunların düzeltilmesi hususunu bu konuda çalışanlara önermiştir.

27 Eylül'de Gemlik'ten bir grup esnaf, Gazi'ye telgraf çekerek yazıyı bir haftada öğrendiklerini, ancak Arapça ve Farsça kelimelerde bazı sorunları olduğunu bildiriyor. Gazi de onları, "Bu sorunlar yabancı kelimelerde. Onlar nasıl olsa dilimizden temizlenecek ve sorunumuz kalmayacaktır, yine de gereği yapılacaktır" şeklinde yanıtlıyor.

Gazi'nin gitmediği şehirlerdeki kurumlardan, şahıslardan yeni yazıyı öğrendikleri hakkında devamlı yazılar, mektuplar geliyor. Gazi, 1 Kasım 1928 tarihinde Türkiye Büyük Millet Meclisi üçüncü devre ikinci toplantı yılını açış konuşmasının sonunu, yeni harflerle ilgili şu sözlerle bitiriyor:

"Basit bir denemeyle Latin esasından alınan Türk harflerinin Türk diline ne kadar uygun olduğunu, şehirde ve köyde yaşı ilerlemiş Türk evlatlarının ne kadar kolay okuyup yazdıklarını güneş gibi meydana çıkarmıştır. Türk harflerinin kanunlaşması bu memleketin yükselmesinde başlı başına bir geçit olacaktır. Milletler ailesine aydın, yetişmiş, büyük bir milletin dili olarak elbette girecek olan Türkçeye bu yeni canlılığı kazandıracak olan üçüncü Büyük Millet Meclisi, yalnız ebedi Türk tarihinde değil, insanlık tarihinde mümtaz bir sima kalacaktır.

(Gazi her zaman olduğu gibi yeni yazımın kabulünün şerefini de meclise vererek onu gereği gibi onurlandırmıştır.)

Efendiler, Türk harflerinin kabulüyle hepimize, bu memleketi, bütün vatanını seven yetişkin evlatlarına önemli bir görev düşüyor. Bu görev milletimizin tamamen okuyup yazmak için gösterdiği bu aşka bilfiil yardım etmektedir. Hepimiz ve genel hayatımızda rast geldiğimiz okuma yazma bilmeyen her vatandaşımıza öğretmek için büyük arzu göstermeliyiz. Bu milletin yüz yıllardan beri çözülemeyen ihtiyacının birkaç sene içinde tamamen temin edilmesi, yakın ufukta gözlerimizi kamaştıran bir başarı güneşidir. Aziz arkadaşlarım, yüksek ve sonsuz armağanımızla Büyük Türk milleti yeni bir nur içine girecektir." (*Atatürk'ün Bütün Eserleri*, c.22, s.282)

Yeni yazının 1 Kasım 1928'de mecliste kanun olarak kabul edilmesinden sonra, hemen millet okulları açıldı. Yeni alfabe kitapları basıldı. Kadın, erkek, yaşlı, genç bütün halkımız hiçbir zorlama görmeden okullara yollandı. Herkes okuma yazmanın ne kadar önemli olduğunu anlamış, bütün varlığıyla aydınlığa doğru koşuyordu. Bu, tarihte görülmemiş bir olaydı.

Başlangıçta sözü edilen travma olayını, ancak ilk olarak medreselerin kapanmasıyla, bu kez de yazı değişimiyle yaşayan karanlık kafalı medreseliler oldu.

Cumhuriyetimize, Atatürk'e saldıran ve küçücük beyinleri o yolda yetiştirmekte olan, o içi zift dolu kafalara lanet ediyorum. Ülkemizi yüz yıl ileriye götürecek olan Köy Enstitülerini kaldırıp yerine bu çağdışı Kur'an kurslarını koyduranlara, böylece insanlarımızın ikiye bölünmesine neden olanlara lanet ediyorum.

~ Atatürk'e Özür[*] ~

27 Nisan 2008... İzmir kitap fuarında kitap imzalamaktayım, etrafım öyle kalabalık ki. Bu kalabalık arasında yazdığı kitabı bana imzalayıp getiren okuyucularım oldu. Elime tutuşturulan kitaplardan birinin adı hemen gözüme çarptı: *Atatürk'ten Özür Diliyorum*. Ne yazık ki verenin yüzü hiç aklımda kalmamıştı. Geç saat otele döndüğümde aklımda olan bu kitabı diğer kitaplar arasında bulup hemen okumaya başladım. Fakat çok yorgundum. Ancak oradan buradan okuyor, neden Atatürk'ten özür dilendiğini bir an evvel öğrenmek istiyordum, iki günlük fuar çalışması arasında neden özür dilendiğini aşağı yukarı öğrenmiştim. Ama onu daha dikkatli okumam gerekti. Fuar dönüşü yoğun işlerim arasında onu yeniden okumaya vakit bulamamıştım ki, bir gece kitabın yazarı ve kahramanıyla telefonda yaptığımız sıcak konuşma beni hem mutlu etti hem de kitabı tam olarak okuyamadığım için üzdü. Kendilerine tekrar okuyup kitap hakkındaki düşüncelerimi yazacağımı söyledim.

---

[*] 14.05.2008.

Kitap çok temiz bir Türkçe ve gerçek bir edebi dille yazılmış biyografik bir roman. Sayın Ekmel Ali Okur'u böyle bir kitap yazdığı için ve yaşamı söz konusu olan sayın Yüksel Mert'in o kadar ağır koşullardan sıyrılıp çıkarak en doğru bulduğu yola yönelmeyi başardığı için candan kutlarım.

Kitabı okurken içim sızladı, daha doğrusu cayır cayır yandı. Biz nasıl oldu da, yüzyıllar içinde ancak dünyaya gelip biz Türklere nasip olan bir dahinin açtığı o çağdaş yolu bırakıp, gençlerimizi dibi olmayan karanlık kuyulara atılmasına göz yumduk, diye. Dünya milletleri bilimde, teknolojide en iyilerini bulmak ve yapmak yarışında iken, 1.000 yılda ancak kazanabildiğimiz insan haklarına saygılı, çalışkan, ülkesini kurtarmak, yüceltmek için canını verebilecek, dinini, yüce Allah'ını kendi yararları için kullanmayı en büyük dinsizlik sayan gençler yetiştirmeyi amaçlayan Cumhuriyet'imize, Atatürk'e saldıran ve küçücük beyinleri o yolda yetiştirmekte olan, o içi zift dolu kafalara lanet ediyorum. Ülkemizi yüz yıl ileriye götürecek olan Köy Enstitülerini kaldırıp yerine bu çağdışı *Kur'an* kurslarını koyduranlara, insanlarımızın böylece ikiye bölünmesine neden olanlara lanet ediyorum.

Cumhuriyet'in yetiştirdiği onurlu, saygılı, çalışkan, bilim yolunda koşan, nedeni, niçini araştıran, en az 500 yıl geri kalmış ülkesini esirlikten kurtarıp çağdaş uygarlığa kavuşturmaya çırpınan gençler yanında. *Kur'an* kurslarındaki çocuklar güçsüzlerin nasıl kolay ezileceğini yağ çekmeyi, dalkavukluğu, yalakalığı, alttan alıp üste çıkmayı, dilenciliği, insanların sağılacak bir inek, eti yenecek kuzu, üzerine binilecek at veya eşek olduğu, Allah, peygamber ve din yoluyla insanların nasıl kandırılacağı, nasıl sırtüstü düşürüleceği, akıllı olmak yerine kurnaz olmayı öğretiyorlarmış.

Atatürk, *Kur'an*'ı Türkçeye tercüme ettirerek, herkesin dinimizi kendi kitabından öğrenmesini, hoca geçinenlerin *Kur'an*'da yazıyor, diye uydurdukları saçma sapan laflara inanmamalarını istemiş, dinimizi çıkarlar uğruna kullanılmasını önlemek için de LAİKLİĞİ getirerek dinimize en büyük hizmeti yapmıştı. *Kur'an* kurslarında ise *Kur'an* anlamadan ezberletiliyor, yazarın dediği gibi körün dünyaya baktığı, hastanın sayıklaması gibi okutuluyor ve vurgun vurmada, siyasal nüfuz sağlamada, sosyal bir mevki edinmede araç olarak kullanılması öğretiliyor...

Dinimizi, bu şekilde kullananların elinden kurtarmak için başını koyan Atatürk'e, dinimizin büyük günah saydığı en kötü iftiraları atanları, benim inandığım Allah cehennemin en dibine atacaktır.

Kur'an'ın Türkçesini ve Atatürk'ü okuyup, bunları anlayarak hidayete erdikten sonra, Atatürk'ten özür dileyen sayın Yüksel Mert'i, ve yaşananları büyük bir özveri ve edebi bir dille yazıya döken sayın Ekmel Ali Okur'u tekrar candan kutlarken bu kitabın herkes tarafından, özellikle *Kur'an* kurslarında ve İmam Hatip'te okuyanlar tarafından okunmasını önemle tavsiye ederim.

Şimdiye kadar hoşgörü, demokrasi diyerek bunların yolunu açanlar, tehlikeyi ne yazık ki görmediler. O bez parçasının arkasında koca bir Cumhuriyet'in yıkım planları olduğunu, din devletinin de kurulma temelleri atıldığını hâlâ algılamayan aymazlar, gafiller, hainler var. Hele "Onlar öyle gezer, biz böyle gezeriz" diyen o zavallı, budala kadınlara şaşıyorum.

~ Laiklik ve Örtünme* ~

Büyük kanlar dökülerek, olmazları olmaz yaparak bugüne getirdiğimiz Cumhuriyetimizin geleceği, kadınlarımızın başını bohçalayan bir bez parçasına bağlanması, beni ve benim gibi düşünenleri son derece üzüyor. Bunun üzerinde 1980 yılından beri durmuş, sakıncalarını ilgililere mektuplar göndererek, telgraflar çekerek, gazetelerde yazarak anlatmaya çalışmıştım. Hatta mahkemelere verileceğimi düşünmeden örtünmenin mabet fahişeliğinden geldiğini çeşitli yerlerde belirttim. İlişikte kopyasını sunduğum 1985'teki YÖK kararı beni isyan ettirmiş ve hemen tepkimi mektupla bildirmiştim... Ne yazık ki aldırış eden olmadı. Bu tepkilerimin bir kısmı *Vatandaşlık Tepkilerim* adlı kitabımda yayımlandı.

- Ateş bacayı değil, evi sardı artık. Bu başı bağlılar üniversiteye girerse liselerde, ilkokullarda da başlayacak hemen. Bu ancak yeni fark edilmeye başlandı. Önce yapılacak şey

---

* 27.09.2007.

bence: Laik devletin kurumlarına din kıyafetiyle girilemez şartı kati olarak konulmalı. Bu aynı zamanda İmam Hatip kızlarına da tatbik edilmeli. *Kur'an* kurslarında küçücük kızların başları örttürülüyor. Orada İmam Hatiplere geçiyorlar, üniversiteye gelince olamaz! Bu da doğru değil. Ya kızların o okula gitmesi önlenmeli ya da girenlerin başları örttürülmemeli. Zararın neresinden dönülürse kârdır diyerek hemen başlamalı.

- *Kur'an* kurslarına kimse aldırmadı. 3.000 fakir kızı üç yıl parasız yatılı okutan bir yığın *Kur'an* kurslarından siyasetçilerin, eğitimcilerin, aydın geçinenlerin, yerel idarelerin, gazetecilerin haberi olmadı. Bunlar parayı nereden buluyor, bunları kimler besliyor, arayan soran yok. Fakir insan gününü kazanmaya bakıyor, nerede yararı varsa oraya dönüyor. Köy Enstitülerinin korumaya aldıkları çocukları şimdi onlar alıyorlar. Birincisi ülkeyi çağdaşlığa taşıyacak gençler yetiştiriyordu. Bunlar Cumhuriyet'i yıkacak, memleketi geriye götürecek nesiller yetiştirmekte. Bugün bu kurslar mahalle aralarına da girdi. Ve mahallede çocuğunu ona göndermeyen kınanıyor ve mecbur ediliyor. Burada başlarını örtmeyenlerin saçlarının ahrette yılan olup başını saracağı korkusu veriliyor çocuklara. Yazık değil mi bunlara?

- Okula gitmeyen, devlet kurumunda çalışmayanların başlarını örtmesine kimse karışamaz. Bunların çoğu da aile baskısı, mahalle baskısı ve koca baskısıyla veya parayla örtünüyor. En önemlisi bunun okullara sıçramaması. Bir sıçrarsa bir daha önü alınmaz.

- Laik devleti temsil eden, kendileri modern giyimli beylerin eşlerinin de başları bohçalı resmi ziyaret yapmaları önlenmeli. Başlarını açmayacaklarsa Erbakan'ın söylediği gibi evlerinde otursunlar. Onlar öyle çıkarlarsa artık gerisi çığ gibi gelir. Olmaz, diyenlerin alnını karışlarım. Şimdiye kadar kimisi hoşgörü kimisi demokrasi diyerek bunların yolunu açanlar tehlikeyi ne yazık ki görmediler. O bez parçasının arkasında koca bir Cumhuriyet'in yıkım planları olduğunu, din devletinin de kurulma temelleri atıldığını hâlâ algılamayan aymazlar gafiller, hainler var. Hele "Onlar öyle gezer, biz böyle gezeriz" diyen o zavallı budala kadınlara şaşıyorum. Seni öyle bırakırlar mı acaba? Örtünenleri namuslu, dindar bulanlar ve örtünmeyene diş bileyenler, namus, din uğruna, kardeşlerini, kızlarını öldürenler fırsat bulunca sizi de öldürecek, taşlayacaklardır. Hiç kuşkunuz olmasın. İlginç olanı kadınlar hep erkeklerin isteklerine alet olmuş, erkekler onların sırtlarına basarak istediklerini yapmışlardır.

Önderimiz yüce Mustafa Kemal Atatürk'le uyanan kadınlarımız, artık kendi ayakları üzerinde durarak kimseyi sırtına bindirmeden devrimlerimizi korumak için canla başla çalışmaktadırlar. Hedefimiz özgürlüğümüzü ve haklarımızı, laikliği bir bez parçasına kaptırmadan çağdaşlık yolundaki bütün engelleri aşmaktır.

Mustafa Kemal Atatürk'ün büyük dehası, halkımızın ona olan derin güvenciyle on yıl içinde Batı'nın Rönesans'ını, Sanayi Devrimi'ni, Fransız Devrimi'ni, yazı, kıyafet devrimlerini yapıverdik. Bunlara ek olarak takvimimiz, saatlerimiz, ölçülerimiz değişti. Birer kelimeyle anlattığımız bu devrimler, yüzyılları kapsayan adımlardı. Kısa zamanda yapılan bu değişikliklere halkın ayak uydurması, Atatürk'e ve dolayısıyla devlete olan güven sonucu hiç de zor olmadı. Bu, Türk ulusunun inanılması güç büyük bir başarısıydı.

~ *Pandora* Dergisi Başlarken, Atatürk Devrimine Kısa Bir Bakış[*] ~

29 Ekim 1923! Ülkeden düşmanlar atılmış, 700 yıllık koca Osmanlı İmparatorluğu çağa ayak uyduramadığı için yıkılmış, yerine taze bir Türkiye Cumhuriyeti kurulmuştu. Bu devletin yaşaması için var olduğu çağa uyması gerekti. Fakat o çağla arasında öyle büyük bir açıklık vardı ki... Batı 400 yıl önce bilimi, sanatı, eğitimi dine üstün kılan Rönesans'a girmişti. Halbuki Türkiye Cumhuriyeti'nde halkın ne bilimden ne çağdaş sanattan ve eğitimden haberi vardı. Din hepsinden üstündü. Kadınlar eve kapalı hak ve hayatları olmayan birer varlıktı. Batı her tür fabrikayı harıl harıl işletirken bizler adını yeni duyuyorduk. Ulaşım için yol yoktu, olan yollarda da daha çok öküzlerin çektiği kağnılar iş görüyor-

---

[*] 20.11.2008.

du. Halkın kılık kıyafeti bağlı oldukları tarikatlara, bulunduklara yörelere göre çeşit çeşitti. Kadınlar kara çarşaflı, yüzleri peçeliydi. Bütün bunları bir anda değiştirmek öyle kolay değildi. Mustafa Kemal Atatürk'ün büyük dehası, halkımızın ona olan derin güvenciyle on yıl içinde Batı'nın Rönesans'ını, Sanayi Devrimi'ni, Fransız Devrimi'ni, yazı, kıyafet devrimlerini yapıverdik. Bunlara ek olarak takvimimiz, saatlerimiz, ölçülerimiz değişti. Birer kelimeyle anlattığımız bu devrimler, yüz yılları kapsayan adımlardı. Kısa zamanda yapılan bu değişikliklere halkın ayak uydurması, Atatürk'e ve dolayısıyla devlete olan güven sonucu hiç de zor olmadı. Bu, Türk ulusunun inanılması güç büyük bir başarısıydı.

O on yıl içinde en son teknolojiyle donanmış, şeker, çimento, kumaş, silah, hatta uçak fabrikaları, demir yolları yapılıyor, düşman tarafından yakılıp yıkılan şehirler onarılıyor, bir köy halinde olan Ankara başkent olacak şekilde yapılanıyordu. Borçlanmadan, kendi bütçemizle karşıladığımız bu masraflar yanında, bir taraftan Osmanlı Devleti'nin, diğer taraftan yenilmediğimiz halde Almanların yenilmesiyle üzerimize yüklenen Birinci Cihan Savaşı'nın borçları ödeniyordu. Hiç borçlanmadan, geliri hemen hiç olan bir bütçeyle bunların nasıl yapıldığına şaşmamak, şaşırmamak mümkün değil.

Bu devrim içinde eğitim de ön plana alınmıştı. Önce Tevhid-i Tedrisat (tek eğitim) kanunuyla medreseler kapandı. İlkokul ve liseler ile yüksek meslek okulları açıldı, tek olan İstanbul Üniversitesi çağdaşlaştırıldı. Yalnız bu okulların açılma planları yapılırken buralarda eğitim verecek eğitimciler yetiştirilmek üzere Batı'ya sınavla liseden gençler gönderilmişti. Onlar eğitimlerini tamamlamadan, Hitler'in Yahudi damgasıyla üniversitelerden attığı bütün öğretim görevlileri Türkiye'ye getirildi. Onlara iyi bir yaşam olanağı verildi. Eğitim için gerekli kitaplıklar, laboratuvarlar sağlandı. Böylece 1933 yılından itibaren Ankara'da Siyasal Bilgiler, Hukuk, Ziraat, Dil ve Tarih Coğrafya Fakülteleri, Opera, Bale, Tiyatro Yüksek Okulları, konservatuvar açıldı. İstanbul Üniversitesi çağdaşlaştırılarak geniş bir fakülte ağıyla donatıldı. O zamanın gençleri de bu olanaklardan yararlanmak için büyük bir heyecan ve gayretle çalıştılar. Böylece 1950 yıllarına gelindi. Ne yazık ki, ülkemizde Almanya'nın en ünlü profesörlerinin eğitimiyle yetişen bu gençlere yeteri kadar çalışma olanağı hazırlanamadı. Ona karşılık Avrupa'da, hatta Amerika'da onların çapında gençler savaşta yok olmuşlardı. Onların yerlerinin doldurulması gerekti. İşte bu Alman eğitimiyle yetişen gençlerimizi ülkelerine memnuniyetle kabul ettiler. Böylece ilk olarak Türklerden Batı'ya göç başladı, ama bu göç çok zorlukla yetişen beyin göçüydü.

Bir taraftan yazık oluyor bu yetişen gençler elden gidiyor diye üzülüyorduk, diğer taraftan da ben "Bilimde adımızı duyuracaklar" diye birazcık seviniyordum. Buna karşılık 1960'larda hiç eğitimi olmayan insanlarımızın, mağara yaşamı gibi bir yaşamdan çıkarılıp, oralara işçi olarak gönderilmeye başlandığı zaman, son derece üzülmüştüm. Kılık kıyafetleri, yiyecekleri, gelenekleri tamamıyla yabancı olan eğitimsiz insanlarımızın düşüncesizce gönderilmeleri beni kahretmişti. Fakat şimdi görüyorum ki, Atatürk'ün dediği gibi insanlarımız oralarda da zeki, akıllı ve çalışkan olduklarını kanıtladılar. Kolay değildi her şeyiyle yabancı bir yere ayak uydurmak. 50 yıl içinde çok büyük bir özveriyle yaşayan insanlarımızın ikinci, üçüncü kuşağı öyle bir atılım yaptı ki, inanılacak gibi değil. Büyük işadamları, avukatlar, doktorlar, parlamento üyeleri bile oldular bu yabancı ülkelerde. Bunlar arasında gazetecilik yapmak da onlar kadar önemlidir bence. En az eğitimi, bilgisi olmayan bu insanların çocukları, kısa bir zamanda bulundukları yere uyarak kendilerini öne çıkarabildiler? (İyi bir sosyoloji araştırma konusu) Şimdi bu vatandaşlarla övünüyor, iyi ki, gittiler, diyorum. Çünkü bizim de bize yabancı olanlara öğretecek çok şeyimiz var.

Hollanda'daki Türk dünyasına yeni adım atan ve oradaki vatandaşlarımıza, zengin tarihimiz, kültürümüz, dilimizden haberleri, kutudan çıkarıp ortaya dökecek olan *Pandora* dergisini çıkaranlar da "İyi ki gittiler" dediklerimden birileri.

Büyük bir özveriyle yayımlanan *Pandora* dergisine "Türk dünyasına hoş geldin" derken, bu güzel atılımı yapanları ve bütün bu konuda çalışanları candan kutlar, başarılar dileğiyle saygı ve selamlarımı sunuyorum.

TÜRK DİLİ VE KÜLTÜRÜ ÜZERİNE

Güneş'in yeniden doğuşu, bir "yeni doğum" olarak algılanıyor Türklerde. Bayramın adı "Nardugan". "Nar=Güneş", "tugan/dugan" da "doğan" ve "Çam Bayramı". Astronomik olarak o günden itibaren geceler kısalmaya, günler uzamaya başlıyor. İşte bu Güneş'in zaferini ve yeniden doğuşunu Türkler, büyük şenliklerle "akçam ağacı" altında kutluyorlar.

~ Noel Bayramı Nasıl Başlamış?* ~

Türklerin tektanrılı dinlere girmesinden önceki inançlarına göre, yerin göbeği sayılan yeryüzünün tam ortasında bir **"akçam ağacı"** bulunuyor. Bu ağacın tepesi de gökyüzünde oturan Tanrı Ülgen'in sarayına kadar uzuyor ve buna **"hayat ağacı"** diyorlar. Bu ağacı, motif olarak bizim bütün halı, kilim ve işlemelerimizde bulabiliriz.

Ülgen, insanların koruyucusu, sakallı ve kaftan giymiş olarak sarayında oturuyor ve geceyi, gündüzü, Güneş'i yönetiyor. Türklerde Güneş çok önemli. İnançlarına göre, gecelerin kısalıp gündüzlerin uzamaya başladığı 22 Aralık'ta gece, gündüzle savaşıyor. Uzun bir savaştan sonra da gün, geceyi yenerek zafer kazanıyor.

Bu, Güneş'in yeniden doğuşu, bir "yeni doğum" olarak algılanıyor Türklerde. Bayramın adı "Nardugan". "Nar=Güneş", "tugan/dugan" da "doğan" ve "Çam Bayramı".

---

* 18.12.2007.

Astronomik olarak o günden itibaren geceler kısalmaya, günler uzamaya başlıyor. İşte bu güneşin zaferini ve yeniden doğuşunu Türkler, büyük şenliklerle "akçam ağacı" altında kutluyorlar. Güneş'i geri verdi, diye Ülgen'e dualar ediyorlar. Duaları Tanrı'ya gitsin, yılı iyi geçirdik diye ağacın altına hediyeler koyuyorlar; dallarına bantlar bağlayarak o yıl için dilekler diliyorlar Tanrı'dan... İnanca göre, bu dilekler muhakkak yerine geliyormuş. Bu bayram için evler temizleniyor ve güzel giysiler giyiliyor, ağacın etrafında şarkılar söylenip oyunlar oynanıyor. Yaşlılar, büyükbabalar ve nineler ziyaret ediliyor; aileler bir araya gelerek birlikte yiyip içiyorlar (Yedikleri, yaş ve kuru meyveler yanında, özel bir yemek ve bir tür de şekerleme). Bayram, aile ve dostlar bir araya gelerek kutlanırsa ömrün çoğalacağına, uğur geleceğine inanıyorlar. Bu gün dönümünde fena olanlar iyi, cimri olanlar eli açık oluyor. Yeraltında kötülüklerin, aynı zamanda Gök Tanrısı Ülgen'in kardeşi olan Erlik de o gün iyi ve eli açık olarak sırtında kürklü kaftanı, başında kırmızı başlığı ve ayağında çizmeleri elinde torbasıyla hediyeler dağıtıyor diye düşünülüyor. Bu Noel Baba kıyafeti eski Türk kıyafeti. Geyik Sibirya'da yaşayan Türkler için kutsal olmaz mı? Türkler bu bayrama Çam Bayramı da diyorlar.

Yazılana göre, "akçam ağacı" sadece Orta Asya'da yetişiyormuş. Mesela, Filistin'de bu ağacı bilmezlermiş. O yüzden, bu olay Türklerden Hıristiyanlara geçmiştir. Hıristiyanlar, Hunların Avrupa'ya gelişlerinden sonra onlardan görerek almışlardır bu töreni deniyor. İsa'nın doğumuyla hiç ilgisi yok! Doğum, Güneş'in yeniden doğuşu. Bu gelenek Asya Türkleri arasında değişik şekillerde yaşadığını öğreniyoruz. Bu arada, Anadolu'nun bazı yörelerinde de düğünlerde çam götürüldüğünü, onun etrafında oynanıldığını da öğrendik. Yazıya gerek olmadan geleneklerin, kuşaktan kuşağa bazı değişikliklere uğrayarak binlerce yıl süre gelmiş olduğunu görüyoruz.

Ansiklopedilerde yazdığına göre, İsa evrenin nuru, güneşi olarak algılanıyor ve bu olayın Pagan halklardan alınıp İsa'ya yakıştırıldığı yazılıyor. İmparator Konstantin (324-337) zamanında İznik'te toplanan konsülde, 22 Aralık'ta Güneş'in doğumu için yapılan bu "Pagan Bayramı" İsa'nın doğumu olarak 24 Aralık'a alınıyor ve buna da "Noel Bayramı" deniyor. (Batı Kilisesi [yani Katolikler], Çam süsleme ise, ilk olarak 1605'te Almanya'da görülüyor ve oradan Fransa'ya ve diğer Hıristiyan ülkelere geçiyor.

Ne kadar ilginç değil mi? Batı, en büyük bayramını göçebe ve ilkel (!) olarak tanımladığı Türklerden yürütmüş! Yeni yapılmakta olan çalışmalarla Batı'ya Türklerden kim bilir daha nelerin geçtiği ortaya çıkacak! Belki de yazının ve dillerin anasının da Türkler olduğu kanıtlanacak.

Nardugan Şöleni hakkındaki bilgi, Azerbeycan'dan Sayın Adnan Atabek ve İran Azerbaycan bölgesinden Sayın Arif Esmail Esmailinia'nın gönderdikleri yazılara ve de en önemlisi Murat Adji'nin kitabına dayanmaktadır (Murat Adji, *Kıpçaklar (Türklerin ve Büyük Bozkırın Kadim Tarihi)*, Atatürk Kültür Merkezi Başkanlığı Yayınları, Ankara, 2002, s.47-50).

Bu hocalar yalnız Batı kaynaklarından yararlanıyorlar. Eğer gözlerini doğuya çevirip oralarda olanları, yazılanları görseler, okusalardı, herhalde bunları yazamazlardı. Eski geleneklere ait yazılı kaynakları yokmuş Türklerin, ancak Orhon yazılarına kadarmış onlara ait bilgiler. Lafa bakın siz!

~ Noel Bayramı Hakkında Profesörlere Yanıt[*] ~

Bu yanıt geçen yıl yoğun işlerim yüzünden bugün, yarın derken unutuldu. Bu yıl Noel yaklaşırken ele almanın yerinde olacağını düşündüm.

2009 yılının sonlarına doğru Haber Türk kanalında, Sayın Fatih Altaylı ve Sayın Murat Bardakçı'nın konuğu olarak aralık ayında Hıristiyanlar tarafından kutlanan Noel Bayramı'nın Türklerden nasıl kaynaklandığını anlatmıştım. Bunun üzerine 22 Aralık 2009 tarihli *Milliyet* gazetesinde yazar sayın Tahsin Aksu, ünlü profesörlerimizin benim bu konuşmamı "tarih televolesi" olarak yaptıkları eleştirilerini yazmış. Yanıtladığım bu eleştiriler şöyle:

Sabancı Üniversitesi Tarih Bölümü'nde öğretim üyesi olan Prof. Dr. Halil Berktay bunu tarih televolesi olarak nitelemiş, benim ne Türk folklorunu ne de Hıristiyan tarihini bilmediğimi, Türklerin bu çam ağacı süsleme geleneğinin tam ne zaman ve

---

[*] 24.11.2010.

hangi kanallardan nasıl ve ne gibi izler bırakarak Avrupa'ya geçtiğini çok merak ettiğini söyleyerek, Hıristiyanlığın Ortadoğu'da doğup Avrupa'ya oradan arktik bölgesine çıktığını, böylece Noel Baba'nın da Anadolu'dan arktik dairesine taşındığını, çam ağacı, ren geyiği motifleri Noel kutlamalarına bu süreçte girdiğini, meselenin bundan ibaret olduğunu belirtmiş.

Yine aynı üniversiteden tarihçi yazar Prof. Dr. Mehmet Ali Kılıçbay da "Türklerin çam ağacıyla ne işi var? Türklerin Orhon Kitabeleri'nden önce yazılı kaynakları olmadığı için sonradan çıkan bu kavram, göçebe olan Türklerin çam ağacıyla ne işleri var? Neresinden baksanız bu tez sakat" demiş.

Mimar Sinan Üniversitesi Tarih Bölümü Başkanı Prof. Dr. Ahmet Taşağıl da çam süslemenin Hıristiyan âdeti olduğunu belirterek "Genelde Türklerde ağaca çaput bağlama, dilek dileme geleneği varsa da bu genel olarak çam ağacı değildir. Bu konuda Türk tarihiyle ilgili kaynakları en çok okuyan biri olarak böyle bir şey görmedim. Bunu iddia edenler kanıtlamalı" demiş.

Bu yazılardan anladığıma göre bu hocalar yalnız Batı kaynaklarından yararlanıyorlar. Eğer gözlerini doğuya çevirip oralarda olanları, yazılanları görseler, okusalardı, herhalde bunları yazamazlardı. Eski geleneklere ait yazılı kaynakları yokmuş Türklerin, ancak Orhon yazılarına kadarmış onlara ait bilgiler. Lafa bakın siz? Binlerce yıl süren, zamanla şu veya bu şekilde değişen gelenekler, efsane halinde yaşayan eski olaylar yok mu? Bugünkü kültürlere kadar gelmiş dört-beş bin yıl önce yaşayan Sümerlilerin geleneklerini, tektanrılı dinlere girmiş efsanelerini saptayabiliyoruz. Neden Türklere ait izleri zamanımızda görülen gelenekler bilinmesin?

Türklerde çam kültürü yokmuş ve Orta Asya'da ağaç olur muymuş? Bakın siz cahilliğe! Eğer onlar Orhon Yazıtları'nın içeriğini bilselerdi, Bilge Kağan'ın halkına "Çinlilerin oyunlarına kanarak Ötüken ormanlarından ayrılmayın" önerisini öğrenir, yüzyıllar boyu Türk yurdunun merkezi olan Ötüken'in ormanlarla kaplı olduğunu anlarlardı. En azından son zamanlarda yayımlanan İbrahim Okur'un *Kültür Savaşı* adlı kitabını okumalarını öneririm. Türklerde büyük bir doğa sevgisi var. Onlar için doğada her şey canlı ve bu canlılara zarar vermek en büyük suç. Ağaç ayrıca kutsal. Onlara göre yerin dibi ile göğü birleştiren bir hayat ağacı bulunuyor. Bu ağaca verdikleri önemi gösterir. Ayrıca bugün bile Türklerin yaşadıkları yerlerde büyük ormanların bulunduğunu yazıyor, oraya giden araştırmacılarımız, arkeologlarımız.

Güneş, Türkler için çok önemli ve kutsal.
O dünyayı ısıtıp aydınlatıyor.
Ülgen de onun hareketlerini düzenliyor.
24 Aralık gecesi, gün geceyi yenerek uzamaya,
Güneş de Dünya'yı daha çok aydınlatmaya başlıyor.
İşte bu gece Çam Bayramı olarak kutlanıyor Türklerde.
Evlere bir çam ağacı alınıyor. Onun altına o seneyi iyi
geçirdikleri için Tanrı Ülgen'e hediyeler konuyor,
dallarına ertesi yıl Tanrı'dan istediklerine karşılık
adak süsleri bağlanıyor.

~ Türklerde Çam Bayramı[*] ~

Gelelim konumuza: Türklerde çam ağacı Tanrı Ülgen'in ağacı olduğu için ayrıca bir kutsallık kazanmış. O mızrak gibi boyuyla Ülgen'e doğru yolu gösteriyor, yeraltı ruhlarıyla yerüstü varlıklarını birbirine bağlıyor. Bugün Hıristiyanlarda Noel bayramı olarak kutlanan bu bayram Türklerde Çam Bayramı olarak tanrıların ve ruhlarının dinlenme yeri olan Yer-Su'ya adanıyor. Onun yanında Gök Tanrısı Ülgen bulunuyor. Ülgen'in gökyüzünde sarayı var. O, gece ile gündüzü, Ay ile Güneş'i idare ediyor. Güneş Türkler için çok önemli ve kutsal. O dünyayı ısıtıp aydınlatıyor. Ülgen de onun hareketlerini düzenliyor. 24 Aralık gecesi, gün geceyi yenerek uzamaya, Güneş de Dünya'yı daha çok aydınlatmaya başlıyor. İşte bu gece Çam Bayramı olarak kutlanıyor Türklerde. Evlere bir çam ağa-

---

* 24.11.2010.

cı alınıyor. Onun altına o seneyi iyi geçirdikleri için Tanrı Ülgen'e hediyeler konuyor, dallarına ertesi yıl Tanrı'dan istediklerine karşılık adak süsleri bağlanıyor. Türklerin ağaca adak için bez bağlaması bundan geliyor. O gece aile, dostlar toplanıyor, özel yemekler hazırlanıyor, yeni giysiler giyiliyor. Çalgılar çalınıyor, oyunlar oynanıyor. Oyunlardan biri el ele tutunarak halka olup "koraçun, koraçun" diye şarkı söylemek ve dönmek. Koraçun, azalsın anlamına geliyor, yani gece azalsın demek. Halka olmak da Güneş'i ve Güneş'in gelmesini gösteren bir simge. Bu halkaya da "inderbay" deniliyor. O gece kötülükler kalkıyor, kötü olanlar iyi ve cömert oluyor, dostlar, çocuklar hediyelerle sevindiriliyor. Ülgen'in kardeşi, kötülüğün ve karanlığın koruyucusu olan Erlik de o akşam iyi ve cömert oluyor. Sırtında Türklere mahsus olan kürkü, kemeri, başında kırmızı kürklü başlığı, ayaklarında Türklerin icat edip giydiği çizmeler, elinde hediyeler dolu torbasıyla Tanrı Erlik'in evleri dolaştığı düşünülüyor, onu simgeleyen birini çocuklar "kolayde" (yardım ve mutluluğun ilahilerini söyleyerek) karşılıyorlar. Aradan yüzyıllar geçtiği halde bu gelenek Türkler arasında şu veya bu şekilde sürmektedir. Erlik, "Dede Moroz" olmuş, daha sonra "Santaklaus" ve Noel Baba'ya dönüşmüştür. Ayrıca Türklerde geyik de kutsaldı. Bunun izlerini Anadolu'da bile buluyoruz.

Bu Türk bayramı, Hıristiyanlıktan önce Türklerle Batı'ya, yani Avrupa'ya geçiyor. Hıristiyanlıkta devam ediyor. D. S. 325'te İznik'te toplanan konsülde bu Pagan, yani ilkel bayramın İsa'nın doğuşu olarak kutlanmasına karar veriliyor. İsa da dünyayı aydınlattı, diye kabul edildiğine göre ona yakıştırılmakta bir sakınca görülmüyor. İşte olay bundan ibaret.

Bu olay, Atatürk Kültür Merkezi Yayınlarından:

Murat Adji, *Kıpçaklar (Türklerin ve Büyük Bozkırın Kadim Tarihi)* kitabının 47-50. sayfalarında yazılı. Onu okusun bu yarım tarihçilerimiz! Rusya'da yaşayan bu yazar uzun zamandır Türk tarihi ve kültürü üzerinde araştırmalar yapmakta. Başka kitapları da var.

Bundan başka devamlı haberleştiğim İran'da sayın Arif Esmail Esmailinia bu bayramın oralardaki Türkler arasında çeşitli şekillerde sürdüğünü bildirdi. Bu bayramın hakkında ilk bilgiyi de sayın Adnan'dan aldım.

Bu arada bu geleneğin Anadolu'da nasıl sürdüğünü, İsveç'ten gelen yazar araştırmacı sayın Abdullah Gürgün'den öğrendim. Kendisine bu çam bayramını anlatınca bana, ailesinin ne zaman olduğunu bilmediği bir tarihte Bafa Gölü civarına yerleştiklerini söyledi. Onların düğünlerinde eve çam getirilir, üstü süslenir ve etrafında oyunlar oynanırmış. Ayrıca yakınlarında etrafı zeytin ağaçlarıyla kaplı bir tepenin tam üstünde bir çam ağacı varmış. Çamın altında bir kaynak bulunuyormuş. Bu ağaç kutsal görüldüğü için kesilmiyormuş. Daha araştırılsa kim bilir neler bulacağız eski geleneklerimizden Batılılara geçen.

İşte Sayın Ercan bütün Türk dillerine ait sözlüklerden ve yaşayan insanlardan dilimize girmiş yabancı kelimelerin Türkçe karşılıklarını bulup göstermiş. Bunların bazılarından kelime köklerini almış, onlara Oğuzlardaki ekleri koyarak Anadolu Türkçesine uydurmuş.

~ Sayın Prof. Dr. Övgün Ahmet Ercan'ın Kitabına* ~

Sayın Prof. Dr. Övgün Ahmet Ercan'ın yeni yazmış olduğu *Turan Ural Altay Dillerinde Konu Konu Türkçe Karşılıklar Sözlüğü* kitabını elime alınca hem şaşırdım hem sevindim. Şaşırdım, çünkü kendisi bir jeoloji profesörü olduğu halde Türkçeyle ne ilgisi vardı? Sevindim, çünkü kendi alanı olmadığı halde çok değerli varlığımız olan dilimiz Türkçe üzerinde çalışmış, elinden geldiğince dilimiz konusunda bizleri aydınlatmaya çalışmıştı. Bazı kimseler kendi alanından başka alana, özellikle dil alanına ilgi duyanları eleştiriyorlar. Halbuki, dil üzerinde çalışanlardan çoğunluğunun fencilerden olduğunu biliyoruz. Çünkü onlar problemlerin nereden kaynaklandığını, çözüm yollarını bilme yeteneğine sahip kimseler. Çiviyazılarını ilk çözen casus servisinden bir İngiliz subayıydı. Atatürk de dilimizi yabancı sözcüklerden arındırma konusunda büyük çalışmalar yapmış ve yaptırmış ve bugün herkesin anlayacağı şekilde yazmamızı sağlamıştı. Ayrıca O, karmaşık ve bize tamamıyla yabancı olan, öğrenmekte çok zorluk çektiğimiz

---

* 12.07.2009.

matematik ve geometri terimlerini Türkçeleştirerek onları yazdığı kitapla dilimize kazandırmıştı. Örneğin, Müselles mütesaviüladla = eşkener üçgen.

Şimdi gelelim sayın Ercan'ın bu kitabı yazmaktaki amacına. Kitap çok uzun zaman dilimi içinde yapılan geniş bir çalışma sonucu hazırlanmış. Bilindiği gibi Türkçemiz birçok dallara ayrılmış. Kitapta elliye yakın görünüyor bu dallar. Binlerce yıl önce kuşkusuz bir tek dilimiz vardı ve zamanla insanlarımız çeşitli yönlere dağılınca dil birçok değişiklilere uğradı*. Komşu olan veya bir arada yaşamak zorunda kalınan topluluklardan etkilendiler, kelime değiştokuşları yaptılar. Anadolu Türkçemizin aslı Oğuz Türkçesidir. Buna da pek çok yabancı kelime girmiş. İşte sayın Ercan bütün Türk dillerine ait sözlüklerden ve yaşayan insanlardan dilimize girmiş yabancı kelimelerin Türkçe karşılıklarını bulup göstermiş. Bunların bazılarından kelime köklerini almış, onlara Oğuzlardaki ekleri koyarak Anadolu Türkçesine uydurmuş. Bunları yaparken kelimeleri yer adları, devlet ve millet, yiyecek içecek, meslekler, spor, topluluk, aile bireyleri akrabalık gibi çeşitli konulara ayırmış. Bunlara göz gezdirirken dilimize ne kadar çok yabancı sözün girmiş olduğunu görüyoruz. Bazı sözcükler dilimize o kadar yerleşmiş ki, onları söküp atıp yenisini yerine koymak çok zor. Cumhuriyet'ten sonra yapılan büyük çalışmalarla dilimiz oldukça Türkçeleşti ve herkesin anlayacağı hale geldi. Diğer taraftan teknoloji ve bilimsel çalışmalarla Türkçe karşılıkları bulunmadan alınan sözcükler ve terimlerle dilimiz yeniden bozulmaya başladı. Hele bir moda olarak iş yerlerine konan İngilizce adlar dilimizi kökten bozmaya yönelik. Sayın Ercan kitabın sonunda yabancı sözlerin ve terimlerin Türkçe karşılıklarını bulmak için dilimizin kurallarına göre nasıl yeni bir sözlük üretilebileceğini göstermiş ki bu çok önemli. Kendisini, yaptığı bu ağır çalışma için teşekkürlerimizle candan kutlarız.

---

* Bu bize, Sümerlilerden *Tevrat*'a geçtiği kanıtlanan geçtiğini kanıtlayan "Vaktiyle insanlar arasında tek dil vardı, Tanrı insanlara kızdı ve insanlar birbirini anlamasınlar diye onu karıştırdı" sözünün bundan kaynaklandığını düşündürüyor.

Atatürk, halkımızın Sümerlileri tanımasını istiyordu. Bir bankaya o adı vermek yeterli değildi. Onların uygarlığa yaptıkları katkıların, kültürlerinin, dillerinin yazılı olarak tanıtılması gerekti. İşte ben, İstanbul Arkeoloji Müzelerinin zengin çiviyazılı arşivinde yaptığım 33 yıllık çalışmalarımın bana sağladığı Sümerlilerle ilgili bilgileri, 1990 yılından itibaren halkımızın sıkılmadan okuyacağı kitaplara geçirmeye başladım.

~ Bahçeşehir Koleji Öğrencilerinin Sümer Gazetesi* ~

Bugün son derece mutluyum. Herhalde şaşacaksınız bu siyasal kargaşa içinde nasıl mutlu olursun diye. Her şey bir tarafa mutluyum işte, çünkü çaldığım maya tuttu, sevgili Atatürk'ün arzusu, isteği de yerine geldi sayılır. Bana da 5.000 yıl önceki bir Sümer Kraliçesi'nin tacı takıldı.

Neydi Atatürk'ün istediği ve neydi çaldığım maya?

Atatürk, okuduğu Fransızca bir kitapta Sümerlilerin Orta Asya'dan gelmiş olabileceklerini, dillerinin Türk diline benzediğini okumuş. Bu cümlenin hem altını çizmiş hem de yanına "mühim" (önemli) yazmış. Dil ve Tarih-Coğrafya Fakültesi'nde bölümün adını Asuroloji yerine "Bırakın şu Samileri" diyerek Sümeroloji koydurtmuştu. Ayrıca "Sümer" adı halkın belleğinde dursun diye bir bankanın adını Sümerbank koydurtmuştu. O, Sümerlilerin

---

* 03.06.2011.

gerçekten Türklerle bir bağlantıları var mı bunun kanıtlanmasını istiyordu. Bunu kanıtlamak için de bu konuya merak saran, onun üzerinde çalışmak isteyecek gençlerin yetişmesi gerekti. Bazı aydın geçinenlerimiz "Türklerle Sümerlilerin bağlantısı olsa ne olacak sanki" diyorlar. Batılılar Türklerin tarihini en erken İsa'ya kadar götürüyorlar. Eğer bağlantılar bulunursa Türklerin Sümerliler zamanında var olduklarını ve hatta onların Türklerin bir kolu oldukları kanıtlanmış olur ki, o zaman "Tarih Türklerle başlamış" demek zorunluluğu çıkıverir ortaya.

Gelelim mayanın ne olduğuna. Yukarıda söz etiğimiz gibi Atatürk halkımızın Sümerlileri tanımasını istiyordu. Bir bankaya o adı vermek yeterli değildi. Onların uygarlığa yaptıkları katkılarının, kültürlerinin, dillerinin yazılı olarak tanıtılması gerekti. İşte ben İstanbul Arkeoloji Müzelerinin zengin çiviyazılı arşivinde yaptığım 33 yıllık çalışmalarımın bana sağladığı Sümerlilerle ilgili bilgileri, 1990 yılından itibaren halkımızın sıkılmadan okuyacağı kitaplara geçirmeye başladım. Bu konuda yazdığım kitaplar boşa gitmedi, hiç umut etmediğim şekilde okundu ve halkımız arasında Sümerlilere karşı büyük bir ilgi başladığını, aldığım telefonlar, bu konuda sorulan yığınlarla sorular, onlarla ilgili yazılan oyunlar gösteriyordu. Ama dün Bahçeşehir Koleji öğrencilerinin çıkardığı *Hür Nippur* gazetesi bu ilgiyi doruğa çıkarmış oldu. Konuyu gençlerimiz ele aldı, rahat uyu sevgili Ata'mız. Onlar daha çok şeyler yapacak.

Tam bir toplu çalışma ürünü olan bu Sümer gazetesi dünyada tek olduğuyla övünebiliriz. Fikir, tarih öğretmenleri sayın İlhan Gülek'ten çıkmış, ama 9-A sınıfından 23 öğrenci onu büyük bir istekle karşılamış, hemen kolları sıvamışlar. Önce proje koordinasyon ekibi, genel yayın yönetmeni, yayın yönetmen yardımcısı, gazete yapım danışmanları seçilmiş, arkadan muhabirler yazmak istedikleri konuları ayırmışlar.

Bu 20 sayfalık gazete içinde ne konular var ne konular! Çocuklar sanki o zamanı yaşıyorlarmış bu haberleriyle. Gazete ilk Ertuğrul Duman'ın "Yeni Bir Çağ Başlatan Buluşumuzu Kutlayalım" başlığıyla icat ettikleri yazı ve nedenlerini anlattığı yazıyla başlıyor. Zeynep Ece Erdem "Uyanın! Akadlar Her Şeyimizi Çalıyor", Osman Gökberk Erdem de "Sorunlar Büyüyor, Kargaşa Artıyor" diyerek önceleri birlikte huzur içinde yaşadıkları ilkel Akadların Sümer kültürüne sahip olmaya başlayınca ülkede nasıl kargaşa çıkardıklarını anlatıyor. Ali Erdem'in "Suyumuz Azalıyor, Sebep Ne?" yazısının o zamanda da bir su sorunu olduğunu anlatması bakımından ilginç değil mi? Özlem Mecit, Ceren Parın ve Emir Güngör'ün "Dava Sonuçlandı", "Bir Cinayet Daha" ve "Adaletsiz Dağıtım" adlı yazıları Sümer hukuku hakkında bilgi veriyor. Alara Sarısoy'un "Kızan Kızana ve Lanetli Adamla Beklenen Röportaj", Anıl Yavuz'un "Biz Yaptık Oldu", Ceren Parıl'ın "Rüşvet İddialarını Konuştuk" yazılarından sonra sırayla Gonca Güldiken, Adilen Şen, İdil Memiş, Emir Güngör, Can Hakan, Fatih Berkan, Ceren Pınar, Sümeyye Nur, Alpcan Kuseybat, Can Hakan Dağıdır, Özlem Macit, Onur İnan, Adile Şen tarafından yazılan "Şifa Tanrısı Gula'dan Haberler, Garantili Büyü Tarifleri, Bir Kadının Aşkını Kazanma Büyüsü, Yeni Kral Adaletli Olabilir mi? Yazı Bizimdir, Zigguratlar Uzaylı İşi mi? Ziggurat Açılışında Müzik Dinletisi, Nippur'u Tanıyalım, Nippur'da Gezilecek Yerler, Nippur Ensi'sine Birkaç Soru Sorduk, Ya Biz Olmasaydık, Ludingirra ile Baş Başa, Sümer Müziği, Kamutan Tizgar, Burçlar, Çocuklara Masal Köşesi, Annelere Yemek Köşesi, Dinimiz, Tanrılarımız, Terzi Nergal'in Bu Sezon İçin Tasarımları, Yeni Takı Modelleri, Sümer Halk Kültürü" adlı yazıları var. Son olarak reklamlar, ölüm bildirisi, kelime bulmacası, at yarışları ve güreşi içeren spor sayfası... Gazetenin arka kapağında bizim araba reklamları gibi öküz koşulu iki tekerlekli arabanın reklamına bayıldım doğrusu. "SÜM-TEK yeni icatla yüklerinizi kolayca taşıyabilir, bahçelerinize daha rahat gidip gelebilirsiniz. Savaşlarda da bu icadı almak çok kolay! Sadece bir inek vererek şanslı olabilirsiniz. Unutmayın devir, rahatlık devri!", espriye bakın!

Gazete ne kadar kapsamlı değil mi? Bunu okuyanlar Sümer kültürüne kuş bakışı bakmış olurlar. Bu arada gazeteyi tanıtma toplantısı davetiyeyi unutmamamız gerekir. Davetiyenin dış kabında kadın erkek üç Sümerliyle yazıları bulunuyor. İçindeki davet yazısının etrafında bordür şeklinde Ur Kral mezarlarında çıkan kabartmaları andıran resimler yapılmış.

Gelelim bana takılan taca. Bu taç 5.000 yıl önce ölüp, tacı ve etrafındakilerle birlikte gömülen Kraliçe Şubat'a ait. Londra British Müzesi'nde saklanan tacın kopyasını yapmış çocuklar. O kadar da güzel benzemiş ki. Onunla da kalmamış takısının örneğini de yapmışlar.

Yol gösteren, onlara gerekli olanakları sağlayanlar olunca gençlerimizin çok şeyler başaracağına inanıyorum.

Hep, Atatürk görseydi ne yapardı diye düşünmekten kendimi alamıyorum. Maya tuttu, Atatürk'ün istediği kısmen yerine geldi. Tam gelmesi için Sümerliler ile Türklerin bağlantılarını tam olarak kurabilmemiz gerek. O da çok geçmeden olacağa benziyor.

Sözü daha fazla uzatmadan bu projeyi ortaya atan sayın öğretmen İlhan Gülek'i, projeyi büyük bir başarıyla tamamlayan sevgili öğrencileri candan kutlar, yaşamları boyunca arkadaşlarına örnek olarak başarılarının sürmesini temenni ederim.

Bu projeye sıcak bakan, gerekli yardımlarını esirgemeyen okul yönetimini de kutlamadan geçemeyiz.

Gazetenin tanıtma toplantısı Ortaköy Kültür Merkezi'nde oldu. Sahneye gelen, Sümer müziği yapan öğrencilerin ketenden yapılmış Sümer kıyafetleri de kendisinde her türlü hüner olan sayın İlhan Gülek'in elinden çıkmıştı. Ellerinize sağlık Sayın Öğretmenimiz!

GÜNCEL MESELELER

*Mesleğindeki büyük başarısı yanında hastalarına
gösterdiği şefkat, yardım,
emekli olduktan sonra, bir taraftan bilgi verirken,
diğer taraftan Aziz Nesin'i anımsatan nükteleriyle
gezi anıları onu sonsuza kadar yaşatacaktır.
Toprağın bol, yerin ışıklı olsun sevgili kardeşim,
her zaman kalbimizdesin.*

~ Prof. Dr. Tarık Minkari İçin[*] ~

Bugün 16 Mart 2011. Prof. Dr. Tarık Minkari'nin doğum günü. 1925'te doğmuştu. Ne yazık ki, onu 5 Ekim 2010'da kaybettik. Bugün üniversitede onun için bir toplantı düzenlendi. Cenazesine gidememiştim. Toplantıyı da kaçıramazdım. Arkadaşları, dostları onun yaptığı çalışmaları, kendileriyle olan dostlukları hakkında konuşurken gözyaşlarımı tutamadım. Bir taraftan da ne mutlu ona bu kadar başarı ve bu kadar içten sevilmek herkese nasip değildir diye düşünüyordum.

Cenazesini üniversiteden kaldıracaklarmış, eşi Sayın Ayseli bırakmamış. Nedeni, yeni çıkan bir uygulama onu çok rahatsız etmiş ve laik devletin üniversitesine yakıştıramamış. Çünkü cenaze merasimini hoca orada yapacakmış. Onun için normal cenazeler gibi camiden kaldırmasını uygun görmüş. Tam Atatürk kızı!

Tarık'ın hastalığı çok yaktı beni. Çünkü o hareketli, o konuşkan, o sohbet etmekten hoşlanan Tarık susmaya mahkûm oldu. O hepi-

---

[*] 16.03.2011.

mizi çeşitli dertlerden kurtardı ama biz ona hiç yardım edemedik. Bazı geceler uykum açılır, onu düşünür ve hemen gözümde yaş beliriverirdi. O benim bir kardeşimdi, abla derdi bana. Çünkü kardeşim Turan İtil'in (Prof. Dr.) sınıf arkadaşı idi tıp fakültesinden. Dahası var: Rahmetli büyük ağabeyi Dr. Esat Minkari eşim Kemal Çığ'ın liseden canciğer arkadaşı idi. Hatta 1937 yılında İstanbul Üniversitesi'nin bahçesinde bana nişan yüzüğünü takıvermişti, arkadaşı elinden beni kaçırmasın diye. Küçük ağabeyi Selçuk Minkari'yle komşu olmuştuk. O günlerde başlayan dostluğumuz eşi sevgili Güner Minkari'yle hiç kopmadan sürmektedir. Çok sevgili Ayseli Minkari de beni hep aileden kabul ederek, bütün ailenin acı ve tatlı günlerinde yanlarında olmamı istemişlerdir.

Sevgili Tarık Minkari, cerrah olarak baş asistan iken ilk kızımı ameliyat ederek bir genç yaşında bir baba şefkatiyle onun bütün nazlarını çekmişti. Beni yıllardan beri çektiğim hemoroit derdinden kurtardı. Hayat Hastanesi'nde ameliyat olmuştum, yanıma özel bir hemşire konmuştu. Hemşire bende bir sıkıntı görmediği için başka hastaların yanına gidiyordu. Çünkü ben ne ameliyatta ne de sonra bir acı ağrı duymamıştım. Bana bakan hemşire nedense "Tarık Bey'in hastaları hiç ağrı çekmez" demişti.

2004 tarihinde karnımda duyduğum bir sancıyla yine Dr. Tarık'a koştum hemen ameliyat olman gerek dedi ve arkasından "Seni öyle birine vereceğim ki, beni hiç aratmayacak" diyerek sayın ve sevgili doktorum Prof. Dr. Sadık Perek'e teslim etti. Ameliyat günü sabah saat 8'de Tarık'ı da yanımda görünce şaşırdım ve çok mutlu oldum. Sabahın erken saatinde yalnız benim için oraya gelmesi büyük bir özveriydi. Ameliyattan sonra ne hastanede iken ne de çıktıktan sonra hiç ağrı, sızı çekmedim, halbuki bu ameliyatı olanların günlerce karın ağrısı çektiğini duymuştum. Sonra bir hemşire bunun sırrını anlattı, Prof. Dr. Tarık Minkari ve onun yanında yetişenler ameliyat esnasında iç organları hiç hırpalamaz, yerlerinden oynatmazlarmış. Ameliyattan sonra ağrı çekenlerin doktorları buna dikkat etmedikleri içinmiş.

Sevgili Tarık Minkari herkesin acısını dindirdi ama bizler ona bir yardımda bulunamadık. Onun sevgili arkadaşı Prof. Dr. Turan İtil ona yardım etmek için çırpındı ama ne yazık ki, imkân bulamadı ve çok üzüldü.

Tarık Minkari'yle son olayımız: Bir gün Hayrettin Karaca bana gelerek "Seninle bir televizyon programı yapalım" dedi. Bunu duyunca öyle güldüm ki... O zamana kadar böyle bir şey yapmamışız, olacak şey değildi, ama konuştukça biraz yumuşadım ve yanımıza 80 yaşını aşmış iki arkadaş daha almaya karar verdik. Programın adını da bir hayli tartıştıktan sonra "Giderayak" koyduk. Hemen seçtiklerimiz Tarık Minkari ve Aydın Boysan oldu. Fakat onların kabul edip etmeyeceklerini bilmiyorduk. Telefon ettik, kabul ettiler. Birkaç program yaptık. O ara üç delikanlı benim gibi bir pilici (!) bir türlü paylaşamamaya başladılar. Çok eğlenceli oluyordu program. Ne yazık ki Tarık rahatsızlandı ayrıldı. Aydın Boysan da meğer ona yapışıkmış, o da arkasından ayrıldı. Böylece biz kaldık ve programa devam etmeye karar verdik. Elimizden geldiğince veya bir ceza alıncaya kadar sürdüreceğiz bu programı.

Sevgili Tarık kardeşim aklıma geldikçe gözlerimin sulanması, burnumun sızlaması hemen başlıyor.

Mesleğindeki büyük başarısı yanında hastalarına karşı gösterdiği şefkat, yardım, emekli olduktan sonra, bir taraftan bilgi verirken, diğer taraftan Aziz Nesin'i anımsatan nükteleriyle gezi anıları onu sonsuza kadar yaşatacaktır. Toprağın bol, yerin ışıklı olsun sevgili kardeşim, her zaman kalbimizdesin.

Nedir bu ordumuzun başına gelenler?
Devletteki kokuşmuşluk, demek ordumuza da bulaşmış.
Bir taraftan devlet dediğimiz Amerikan maşası ve onların ordu
içine saldıkları mikroplarla koca bir ordumuz
denizcisi, karacısı, havacısıyla çökertilmiş.
Olacak gibi değil ama olmuş, kolay kolay yetiştirilemeyecek
o muazzam değerlerimiz hapislerde çürümeye bırakıldı.

~ Amiral Semih Çetin'in Kitabı* ~

Şimdi Amiral Sayın Semih Çetin'in *Bir İhanetin Öyküsü, Hasdal'da Bir Amiral* kitabını okuyup gözyaşlarımla bitirdim. Nedir bu ordumuzun başına gelenler? Devletteki kokuşmuşluk, demek bu güçlü ordumuza da bulaşmış. Bir taraftan devlet dediğimiz Amerikan maşası ve onların ordu içine saldıkları mikroplarla koca bir ordumuz denizcisi, karacısı, havacısıyla çökertilmiş. Olacak gibi değil ama olmuş, kolay kolay yetiştirilemeyecek olan o muazzam değerlerimiz hapislerde çürümeye bırakıldı. Çok acı, içim yanıyor. Ordumuzun güçlü olmasını istemeyen yabancı güçlerle devrimimize karşı olan din bezirgânları, irtica el ele, kol kola var güçleriyle ilerliyorlar. Amiralimiz, elinize sağlık, her şeyi ne kadar güzel, duru bir dille açıklamışsınız, sizi candan kutlarım. Kitabınızda, savcının "Demokrat Parti zamanında ezan tekrar Arapça okunmaya başlandı diye ihtilal yaptılar. Ne oldu, her seferinde halk onları daha güçlü olarak iktidara getirdi" diyerek "Amiralim siz Yassıada'yı bilir

---
* 25.02.2013.

misiniz?" derken gözlerinin nefret dolu olduğunu okuyunca, bütün bu yapılanların nedeni açıkça ortaya çıkıyordu. Gerisi bir oyundu. Gâvur dediklerinin istekleriyle kendi karanlık emellerini birleştirmişlerdi. Bu böyle sürmeyecek ama ne olacak? Bu değerli kitabı bütün halkımızın okuması, düşünmesi, yapılacaklara katılması gerekli. Geriye dönmek, yok olmak, demektir.

Sizlerin Hasdal'daki dayanışmalı günlerinizi okudukça tek başına bir hücreye kapanmış olan Prof. Dr. Haberal'ı içim yanarak düşündüm hep. Yazık değil miydi ona? Neydi onun suçu? Yalnız Atatürkçü olması, onun elinde top tüfek yok ki eylem yapsın, ondan bile korkuyorlar. Aslında korkakları alt etmek çok da kolay, hayırlısı.

Antakya, Şanlıurfa, Gaziantep, Adana, Kayseri, Mersin üyeleri için kamp kurmuşlar. On çadırda kız, erkek 60 genç. Oranın Belediye Başkanı onlara deniz kenarında ağaçlık bir yeri beş gün için koşulsuz vermiş.

~ Türkiye Gençlik Birliği'nin Kampındaydım[*] ~

Türkiye Gençlik Birliği'nin dün (03.08.2012) kendi gözümle de gördüğüm çalışmalarına hayran kaldım. Silifke'nin Yeşilovacık beldesinde, Akdeniz Bölgesi olarak Antakya, Şanlıurfa, Gaziantep, Adana, Kayseri, Mersin üyeleri için kamp kurmuşlar. On çadırda kız, erkek 60 genç. Oranın Belediye Başkanı onlara deniz kenarında ağaçlık bir yeri beş gün için koşulsuz vermiş. Başka bir belediyeden on çadır almışlar. Vatandaşlardan bir hayli yardım görmüşler, hatta biri arabasını bile vermiş kullanmaları için. Beni o arabayla gelip aldılar. Kampın amacı, TGB üyelerinin birbirlerini tanımalarını, el birliğiyle kendi işlerini paylaşarak yapmayı öğrenmelerini, tarihsel, sosyal konularda okudukları kitaplar hakkında karşılıklı eleştiriler yaparak bilgilenmelerini, oyun ve sporla eğlenmelerini sağlamak. Her şey o kadar düzenli ki... Kolay değil bu kadar çeşitli bölgelerden gelen gencin bir arada büyük bir düzen içinde bulunması. Bence bunun nedeni, hepsi gönülden örgütlerinin amacına ve bu amaca ancak el birliğiyle ulaşacaklarına

---

[*] 04.08.2012.

inanmışlar. Kampa, sayın Kemal Kılıçdaroğlu da geldi. Gençlere ne sormak istiyorlarsa sormalarını söyledi. Sorulan sorulara da inandırıcı yanıtlar verdi. TGB kampının CHP gençlik kampından daha canlı olduğunu söylemesi de büyük bir özveriydi. Bu tür kamplar 3-6 Ağustos'ta Karadenizli üyeler için Ordu'da, 7-11 Ağustos'ta Marmara Bölgesi üyeleri için Zeytinli'de, 13-17 Ağustos'ta Ege Bölgesi üyeleri için Muğla-Fethiye'de yapılacak.

Büyük bir grup da 5-20 Temmuz arası Malatya'da köylülere kayısı toplama işinde yardım ettiler, hem de köylülerle tanıştılar. Ne kadar güzel değil mi? Var olun, sağ olun TGB ve bütün Türk gençleri!

Ben bu gençleri çok seviyorum. Onların Türkiye Cumhuriyeti'nin çarpık gidişine "DUR" diyeceklerine inanıyorum. Çünkü bu topraklar bu vatan gençlerin. Ne yaparlarsa kendileri için yapacaklar. Onun için onlara bütün gençlerin katılmasını istiyorum. Kızılderililer gençlerine "Bu toprakları biz sizden ödünç aldık" diyorlar. Ne kadar doğru, asıl sahipleri gençler. O bakımdan gençler de sahip olduklarını iyi korumalılar. Dört yıl önceydi, elime *Kırmızı Beyaz* adlı iki dergi verdiler. Onları okumaya başlayınca elimden bırakamadım, nedeni yazarları hep lise ve üniversiteli gençlerden oluşan Türkiye Gençlik Birliği üyeleri olmasıydı. İlk defa duymuştum Türkiye Gençlik Birliği'ni. İstanbul'a döner dönmez onlara telefon ettim ve evime gelirseler mutlu olacağımı söyledim. Hemen kızlı erkekli bir ekip geldi. Onlarla bir arkadaş gibi konuştuk. Kendilerinin, hiçbir partiye hiçbir topluluğa bağlı olmadığını, yalnız amaçlarının, ülkemizin Atatürk yolunda gitmesini sağlamak olduğunu söylediklerinde onlara bütün kalbimle bağlandım. O günden beri yaptıklarını büyük bir merakla izliyorum. Beni nereye çağırırlarsa oraya konuşmak için gidiyorum. Onlar bir taraftan kendilerini yetiştirmek için yaz kurslarını yaparken diğer taraftan ülkenin sorunlarıyla da ilgileniyorlar. Birkaç yıl önce Diyarbakır'ın Cumhuriyet köyünde yıkılmış halde olan köy okulunu her hafta yeni gruplarla kız erkek giderek kendi elleriyle yaptılar. Onların bu gayretini gören vatandaşlar da malzeme bakımından gerekli olanları verdiler. Bu bütün gençlerimiz için güzel bir örnekti.

Dinci geçinen softalar bunların kız erkek bir arada tam bir kardeşlik ve arkadaşlık içindeki çalışmalarını görseler hemen bir pislik atmadan duramazlar. Olimpiyatlara giden kızlara bile spor giysileri için yazmadıkları kalmamış. Onların akılları, fikirleri tatmin olamadıkları sekste. Halbuki *Kur'an*'da erkeklere "Gözlerinizi sakının, yani kadınlara kötü gözle bakmayın" diyor.

Ülkemiz büyük bir karşıdevrim içinde. Halbuki, bunu yapmak isteyenlerin o mevkie gelmeleri bile yok etmek istedikleri o devrim sayesinde oldu. Bugün yaşanılan hayat o devrimin ürünleri. Eğer Atatürk savaşları kazandıktan sonraki yapılanları yaptırmasaydı, yine düşmanlara hemen yem olacaktık. Ama bunu mankafalar almıyor.

Filmin sonuna doğru Başbakan'ın emri üzerine kadınların başını örttürmek, Hürrem'e Müslüman usulü dua ettirmek, kadınların yakalarını daha kapalı yapmak bir yalakalık değil mi? Belki sultanı kötü göstermemek için oğullarını, torunlarını, İbrahim'i öldürdüğünü de göstermeyecekler. Acaba Başbakan film için parasal bir katkıda mı bulunuyor ki onun isteği yapılıyor?

~ Muhteşem Yüzyıl* ~

Başbakan hazretleri bugünlerde yani bir tartışma konusu attı ortaya. Sanki ülke günlük güneşlikmiş gibi. Kadınların şurasını burasını irdelemekten vazgeçip TV dizilerine el atmaya başladı ve herkesin hatta dünyanın pek çok ülkesinde büyük bir zevkle izlenen "Muhteşem Yüzyıl"ı ele aldı. 30 yıl savaşlarda olan Sultan Süleyman'ın saraydaki yaşamı uydurmaymış. Halbuki Kanuni yapılan hesaplara göre üç yıl bilemedin dört yıl savaşlarda koşturmuş. 46 yıllık saltanatı içinde nedir ki? Gerisi sarayda. Sarayda karıları ve istediği zaman koynuna alabilecek yığınlarla cariyeleri arasında geçiyor ömrü. Bu kadar kadının paylaştığı bir erkeğin hayatı kolay değil. Hürrem Sultan'ın yaptıkları başka saraylara kadar duyuldu. Bu dizi filmde sultanın savaşları da gösteriliyor, hem de çok başarılı olarak.

Ben bu diziyi büyük bir zevkle izliyorum ve çok mutlu oluyorum ve izlerken ilk Türk filmlerini hatırlıyorum. Cumhuriyet'le be-

---

* 20.12.2012.

raber dışarıdan, galiba daha çok Amerika'dan filmler geliyordu. Henüz biz de sinemacılık başlamamıştı, kolay değildi, ne filmcilikten ne dekordan ne senaryodan anlayan vardı. Oyuncu zaten hiç yoktu. Bunlar için para da yoktu. İnsanlarımız büyük gayretleriyle bir şeyler yapmaya çalıştılar. Henüz okuldan yetişmiş oyuncu yoktu, onları, film yapmaya kalkanlar, sokaktan toplar gibi yetenekli gördüklerinden seçtiler. Bunların kendileri konuşamıyor, güzel konuşan birileri onları seslendiriyordu. Onlar da yeni alışıyordu buna ve zaman zaman konuşanla oyuncunun yüz ifadesi uyuşmuyordu. Dekorlar hep doğal yaşamdan alınıyor, senaryolar hep köylerle ilgili oluyordu. Bugün dış ülkelerde ödüller alan filmlerimiz var. Muhteşem Yüzyıl'ı seyrederken o dekorlar, o giyimler, takılar hepsi sanat bakımından harika diyorum. Hele oyuncularımız! Hemen hiçbirinde bir kusur göremiyorum. Hiçbiri en başta olan Amerikan filmlerinden hiç de aşağı değil. Bizim Başbakan'ın eski filmlerden ve de dış kaynaklı filmlerden haberi yok. Sağ olsun, sanattan da haberi olamadığı için, belki de diziyi bile izlemeyip etrafındakilerin eleştirilerine dayanarak bu eleştiriyi yaptı. Ne yazık ki bizim film yapımcımız, madem Başbakan'ın sözüne değer verecekti, önce senaryoyu ona göstermeliydi, ona kadınların başını sormalıydı.

Filmin sonuna doğru Başbakan'ın emri üzerine kadınların başını örttürmek, Hürrem'e Müslüman usulü dua ettirmek, kadınların yakalarını daha kapalı yapmak bir yalakalık değil mi? Belki sultanı kötü göstermemek için oğullarını, torunlarını, İbrahim'i öldürdüğünü de göstermeyecekler. Acaba Başbakan film için parasal bir katkıda bulunuyor mu ki, onun isteği yapılıyor? İçeride ve dışarıda milyonlarca kimsenin büyük bir zevkle izlediği ve ülkemize hem parasal hem sanatsal değer kazandıran bu filme, ülkenin Başbakan'ı tarafından çamur atılması utanılacak gibi bir olay doğrusu.

Şarköy büyüledi beni! Evet büyüledi!
İnsanı, doğası, denizi, şarabı, peyniriyle.
Zeytinyağı, zeytiniyle... Şarköy'ün adını hiç duymamıştım,
ta ki, sayın ve sevgili Kemal Kırar'ı tanıyıncaya kadar.
Bana her fırsatta onun güzelliklerini anlatıp durdu.
Ama ne kadar anlatılırsa anlatılsın göz görmeyince olmuyor.

~ Şarköy'e Gidiş[*] ~

Şarköy'de yapılacak Hıdırellez Şenlikleri kapsamında benim de davetli olduğumu öğrenince doğrusu çok sevindim. 9 Mayıs sabahı Şarköy Belediye Başkanı tarafından gönderilen makam arabasına kızım ve önderimiz Kemal Kırar'la kurularak yola düzüldük. İçimde bir heyecan vardı, nasıl karşılanacağız diye. Ama ilk sıcak karşılama, arabamızın sürücüsü, kendisinde her türlü yeteneği toplamış olan Belediye Zabıtasından Necati Bey'in güler yüzü oldu.

Yollar baharı bütün güzelliğiyle yansıtıyordu. Hele Şarköy yoluna saptığımızda yeşilin her tonunu kapsayan tepeleri, gelincik tarlalarını aşarak Şarköy'e ve denizine kavuşmak zevklerin en yücesiydi benim için.

İlk hedefimiz, bizi büyük bir dost sıcaklığıyla karşılayan Belediye Başkanı sayın Süleyman Altınok ve Mimar Dilek A. Hanım'ı ziyaret oldu... Oradan öğretmenler evine dinlenmek üzere gittik. Güler yüzlü personeli ve tertemiz görüntüsüyle burası çok hoşumuza gitti.

---

[*] 20.05.2010.

Akşam yemeğini yediğimiz balık lokantasının ne tarafa baksan deniz gören manzarası ile ilk kez yediğimiz güzel mezeler bizi şaşırttı doğrusu.

Kuşkusuz buraya boy göstermeye gelmemiştim, bir konuşma yapmam istenmişti. Akşam saat dokuzda konuşma salonuna girdiğim zaman salonun tam kapasite dolu olduğunu görünce daha önce "Bu küçük kasabada kaç kişi gelir ki beni dinlemeye?" diye düşündüğüm için çok utandım. Anlattıklarına göre konuşmam başladıktan sonra gelip de salona sokulmayan en az yüz kişi varmış, konuşmamın büyük bir dikkatle izlenmesi, çok yerinde soruların sorulması beni ne kadar mutlu etti anlatamam.

Ertesi sabah gittiğimiz Mavi-Bil Dershanesi'nde çocukların beni büyük bir sevinçle karşılamaları gözlerimi yaşarttı doğrusu. Her yaştaki çocuğun konuşmamı büyük bir dikkatle dinlemesi, sordukları sorular övülmeye değerdi. Bazı kimselerin "Şimdiki çocuklar" diye yaptıkları yakınmaya her zaman kızmışımdır. Çocukların hiç suçu yok. Ne verirsek onu alırız.

O gün öğleden sonra Ganohora Kültürler Arası İletişim Derneği'nin deniz kenarında ulu ağaçların kapladığı parkta yaptıkları şenlikli toplantıya katılarak hoş bir vakit geçirdik.

Dönüşte Mürefte'de Akar Şarapçılık'ın sahipleri sayın Mesut ve Gülferiz Akar çiftinin bir kahve içimi olsun davet ettikleri evin eski usul minderliğindeki yarım saatlik uykumun tadını hiç unutmayacağım. Ayrıca hediye edilen şarapları da...

Oradan Cem Çetintaş'ın Şarapçılık için yetiştirilen bağlarını görmeye gittik. Anlatıldığına göre Cem Çetintaş Fransa'da şarapçılık eğitimi almış. Ve bilimsel olarak şarapçılık yapmaya soyunmuş. Ama ne yazık ki, devletten yardım yerine şarapçılık olduğu için, engelleme yapıldığını duymak içimi yaktı. Fransa'ya rakip olabilecek bir üretime engel olmak, bindiğimiz dalı kesmektir. Cahillik kol geziyor ülkemizde... Cem Çetintaş'ın bir atılımı da arsası içinde bulunan bir manastır kalıntısını yeniden canlandırıp orasını bir kültür yuvası yapmak. Kolay değil, kendisine başarılar dilerim. Akşam yemeği de çalgılı, oyunlu ve de bol şaraplı olarak bir bahçede geçti. Benim gibi genç (!) biri için ne kadar yüklü bir program değil mi?

İki günü dopdolu geçirdikten sonra yola çıkmadan önce Sayın Vedat-Zuhal Seren çiftinin deniz kenarındaki evlerinin balkonunda bir veda kahvesi içelim dedik. En fazla yarım saat oturmayı planladığımız bu yerde, sohbet o kadar tatlı geldi ki iki saatten önce ayrılamadık. Özellikle Sayın Vedat Seren'in bilgisinden çok yararlanarak.

Belediye Başkanlığının lütfedip Şarköy ürünleriyle doldurduğu sepetlerimizle eve dönmek üzere arabaya binerken beni bir hüzün kapladı. Sanki eski dostlardan ayrılıyormuşum gibi geldi. Bize bu iki günü büyük bir zevkle geçirten başta Belediye Başkanı Sayın Süleyman Altınok ve Mimar Dilek-İlker Al olmak üzere bütün dostlara ve bu etkinliğe önayak olan sayın Kemal Kırar'a sevgilerimle candan teşekkürlerimi sunarım.

Habercek internet gazetesi yayın ailesi arasına "Vatandaşlık Tepkilerim" adı altındaki yazılarımla kabul edilmem beni çok mutlu etti. Sayın Kemal Kırar dostumuz aracılığıyla öğrendiğim Habercek'te zaman zaman çıkan yazıları okuyorum. Hemen hepsi benim kafama, benim düşüncelerime göre yazılar. O bakımdan hiç düşünmeden, bu teklifi sevinçle kabul ettim. Bütün aileye candan teşekkürler.

~ Habercek İnternet Gazetesi İçin Yazı* ~

Benim için, vatanımızla ilgili olaylarda, demokratik bir ülke olarak hepimizin ilgilenmesi, eli kalem tutanların tepkilerini yazıyla belirtmeleri zorunludur. Bu tepkiler vatanı, özellikle Cumhuriyet'imizi zedeleyecek kanunları yapanlara, yalan yazanlara, söyleyenlere, iftira atanlara, tarihi çarpıtanlara olacağı gibi, ödül kazananlara, başarıları alkışlananlara da övgü şeklinde olabilir. Ben bunu 1970'lerden beri yapmaktayım. 2007 yılına kadar olanlar *Vatandaşlık Tepkilerim* adı altında yayımlandı. Ondan sonrakiler de artık Habercek'te yayımlanacak. Buna seviniyorum.

Bakıyorum da bugün internet gazeteciliği gittikçe önem kazanmakta. Nasıl kazanmasın, geçmiş yazıları vakit bulduğumuz zaman okuyabiliyoruz. Kâğıt gibi yırtılıp atılmıyor, atılmayanları da karıştırıp yazıları arayıp bulmak büyük bir iş. Halbuki internette bir iki tıklamakla istediğiniz gazeteye, dergiye, içlerindeki

---

* 15.05.2009.

yazılara, hatta istediğiniz yazarın yazısına hemen ulaşabiliyorsunuz. İleride belki de bütün gazeteler internete dönecek, ama diğer taraftan sabah kahvesini içerken bir gazetenin kokusunu, hışırtısını duyarak okumanın da ayrı bir zevki var. En azından benim gibi eskiler için böyle. Ah bir de gazeteler en iç açıcı haberleri ilk sayfaya yazsalar! Örneğin yeni buluş yapanları, içeride dışarıda ödül alanları ilk sayfalara büyük yazılarla koysalar! Böylece biraz kendimize güven gelerek güne girerdik. Hayır! En üzücü, en moral bozucu yazılarla karşılaşıveriyorsunuz onu açar açmaz. Sonra ne kahvenin ne de sabah keyfinin tadı kalıyor. Bu yalnız bizim memlekette değil, dünyanın her yerinde biraz böyle. Biz de çok daha fazla. Hiç unutmam Adile Ayda'nın bir yazısında "Biz şarklılar üzüntüyü kendimize zevk ederiz" diyordu. O zaman düşünmeye başladım, bu gerçek mi, diye. Önce kendimde gerçek olduğunu anladım. Hep acıklı, üzüntülü romanları okur, öyle filmleri izler, onlardan hoşlanırdım. Herhalde o yazının etkisiyle olacak, bunların insan üzerinde ne kadar olumsuz etki yaptığını anlayarak bu istekten vazgeçiverdim.

Evet, internet gazeteciliğinden sözü nereye uzattık! "Vatandaşlık Tepkilerim"in burada yayımlanması, son zamanlarda yoğun işlerim yüzünden oldukça ihmal ettiğim bu konuyu, yeniden ele almama neden olacağı için çok mutlu oldum. Benimle sizler arasında bu güzel bağlantıyı sağlayan sayın ve sevgili Kemal Kırar'a, beni aralarından görmekten mutluluklarını bildiren sayın Bindebir ve Kelime Ata'ya ayrıca teşekkürlerimi sunarken bütün dost ve okuyucularımıza saygılar.

Biz bu eylemle, uyuyan, üzerine ölü toprağı serpilmiş gibi sessiz kalan halkımızı da uyandırmak istedik. Demokrasi, milletvekillerini meclise soktuktan sonra, onları kendi hallerine bırakıp istediğinizi yapın demek değildir. Devletimizin, halkımızın haklarını korumakta yanlış hareket ettiklerinde, görevlerini yapmadıklarında, mektupla, telgrafla derhal tepki gösterilmelidir.

~ Çılgın İhtiyarlar[*] ~

Yaprak dergisiyle aramızdan çok genç yaşta ayrılan sevgili Orhan Veli Kanık'ın anısının, yeniden canlandırılmasına son derece sevindim, mutlu oldum; bunu yapanları candan kutlarım. Bu derginin yazarları içine alınmam da beni onurlandırdı.

İlkyazı olarak ne yazayım, diye düşünmeye başladığım anda, içimden bir ses "Neden son eyleminizi yazmıyorsun?" deyiverdi. Zaten bunun nereden aklımıza geldiğini sorup duruyorlar. Evet, neden, ne zaman aklımıza geldi? Sayın Hayrettin Karaca'yla yıllardan beri ne zaman bir araya gelsek o gün bizi üzen konuları konuşur, arkasından "Haydi elimize pankartları alarak protesto yürüyüşü yapalım veya sesimizi duyacak yerlerin önünde duralım" derdik. Hükümetin satma olayları, hele Maliye Bakanı'nın "Satarım, babalar gibi satarım, müşteri gece gelse pijamayla çıkar satarım" demesi ve Cumhuriyet'imizin pek çok zorluklarla hazırlayıp ellerine bıraktıklarını, gözlerini kırpmadan satmalarına son

---

[*] 29.12.2008.

derece üzülüyorduk. Topraklarımızın, hele tarım topraklarımızın satılması bizi iyice çileden çıkardı ve iki gece önce gidip meclis önünde "Vatan toprağını sattırmayacağız" yazılı pankartlarla oturmaya karar verdik. Verir vermez izin için başvuru yapılarak Ankara'ya hareket ettik. Meclis önündeki polislere haber gitmeden biz oradaydık. Bu yüzden biraz aramızda dalaşma oldu ama sonu iyi bağlandı. Kar yağarken orada pankartlarla oturabildiğimiz için çok mutluyduk. İstediğimizi yapmış, sesimizi duyurmaya çalışmıştık. Sonradan anladığımıza göre sesimiz dalga dalga her tarafa dağılmış. 41 çiftçi kuruluşu bizi desteklediklerini bildiren bir bildiri yayımlamışlar. TV kanallarından davetler gelmeye başladı. Telefonlar durmadan kutlama, teşekkür ve biz de arkanızdayız sözleriyle işliyor. Duymayanlar sağırlardır. Onlar çalınan davulları, göklere yükselen sesleri ve feryatları duymuyorlar, duymazlar.

Biz bu eylemle, uyuyan, ölü toprağı serpilmiş gibi sessiz kalan halkımızı da uyandırmak istedik. Demokrasi, milletvekillerini meclise soktuktan sonra, onları kendi hallerine bırakıp istediğinizi yapın demek değildir. Onlara, devletimizin, halkımızın haklarını korumakta yanlış hareket ettiklerinde, görevlerini yapmadıklarında, mektupla, telgrafla derhal tepkiler gösterilmelidir. Atatürk: "Uluslar, az bir süre için de olsun egemenlik verecekleri meclise (1980'deki meclis gibi) gereğinden fazla inanmamak ve güvenmemelidir. Çünkü meclisler de despot olabilirler. Onların despotluğu, bireysel despotluktan daha tehlikelidir. Bu meclisler öyle kararlar verebilirler ki, bunlar ulusun yaşamında giderilmesi olanaksız zararlar açabilirler."

Bugünkü meclis de ne yazık ki, ileride düzeltilmesi olanaksız kararları vermekten geri kalmıyor. Bunlara imza atanlar Atatürk'ün dediği gibi "Ya aklı ermeyen cahiller ya hakikati görmeyen körler veya yalnız kendini düşünenlerdir."

Savaşlar olmayıp insanlar güvenlik içinde oldukları zaman, dünya çapındaki cehaletten kurtulma, adaletsizlik, açlık, hastalık, ekolojik mirasımızı koruma ve insan ilişkilerini geliştirme sorunları kolaylıkla çözebilir.

~ Yurtta Barış, Dünyada Barış* ~

Dünyada barış, yurtta barış deyimini ilk kez Türkiye'de Mustafa Kemal Atatürk ortaya atmıştır. O günden beri biz Türk milleti bunu istedik ve istiyoruz, ilginç olanı şu ki, ülkemizin ünlü insanlarından TEMA Vakfı kurucusu Hayrettin Karaca ve ilk sinema yapımcısı rahmetli Halit Refiğ birbirinden habersiz olarak dünya barışının Anadolu'dan başlayacağını söylemeleri. Aslında biz Türklerin kanında var barışçılık. İslamiyetten önce Türklerin inandığı Tanrı, onlardan tek şey istiyormuş: Sevgi. Hiç ayrım yapmadan her şeyi seveceksin, o zaman Tanrı insana her sıkıntısında yardım ediyor, insan sevecen değilse Tanrı onu "Ne halin varsa gör" diyerek kendi başına bırakıyormuş. Bütün cezası da o. O eski çağlardan kalan bu inanç kan yoluyla devam edegelmiş biz Türklerde. O nedenle Türkler hiç insan ayırmadan herkese dost olmak, yardım etmek ister. O nedenle en az bin yıl Ermeni ve Rumlarla iç içe, kardeş kardeşe yaşamışız. Bunu anlamayanlar onları güçsüz sanarak fırsat bulunca ezmeye kalkmışlar. İşte bu inanç Anadolu'da ayağa kalkarsa barış burada başlar.

---

* 05.03.2013.

Antalya'da kurulan Noel Baba Barış Derneği de, adından anlaşılacağı gibi barışı Anadolu'da başlatmayı amaçlamıştır. Bunu bütün dünyaya göstermek için her devletin katkısıyla bir barış köyü kurdurtuyor.

2002 yılında İsviçreli Roland Höhn de Atatürk'ün "Dünyada Barış" çağrısına uyarak bütün ülkeleri dolaşıyor, oralardaki insanlardan "Dünyada savaş istemiyoruz, barış istiyoruz" yazılı Birleşmiş Milletler Cemiyeti'ne başvurular hazırlattırıyor. Bunlar bir buçuk milyar olunca verilecek cemiyete. Ne güzel değil mi?

Savaş olmazsa insanlar güvenlik içinde oldukları zaman, dünya çapındaki cehaletten kurtulma, adaletsizlik, açlık, hastalık, ekolojik mirasımızı koruma ve insan ilişkilerini geliştirme sorunları kolaylıkla çözülebilir. Savaş araç ve gereçlerine verilen paralar insanların rahatı ve mutluluğuna harcansa dünya cennet olurdu değil mi? Haydi el birliğiyle yurdumuzda ve dünyada barış için var gücümüzle çalışalım!

Aydın geçinen ama aydınlığın yanından bile geçmeyen bazı şahısların Ermenilerden özür dilemeye kalktıklarını duyunca ne kadar şaşırdım! Hele içlerinde hiç tahmin etmediğim kimseleri görünce nasıl şaşmam?

~ Ermeni Meselesi ve Özür Dileyenler[*] ~

Aydın geçinen, ama aydınlığın yanından bile geçmeyen bazı şahısların Ermenilerden özür dilemeye kalktıklarını duyunca ne kadar şaşırdım! Hele içlerinde hiç tahmin etmediğim kimseleri görünce nasıl şaşmam? Herhalde özür dileyenlerin aileleri onları öldürdü, evlerinden, yerlerinden göç etmeye zorladı ki, böyle bir harekete geçtiler. Başkalarının ve özellikle devleti ilgilendiren bir konuda, devlet namına konuşmaya kimsenin hakkı yok. Bu şahıslar ya hiç tarih okumuyorlar ki, tarih bilmeyen zaten kültürlü sayılamaz ya da bildikleri halde, kim bilir nasıl bir yarar uğruna uyruğu olduğu devleti küçük düşürmekten çekinmiyorlar. Özellikle son zamanlarda dış kaynaklar, Ermeni kaynaklar gösterilerek pek çok kitap yazıldı. En son Avukat Gülseren Aytaş'ın yazdığı *Ermeni Talepleri ve Türkiye'nin Hakları* (Derin Yayınları 2008) gayet sade bir dille hukuken Ermenilerin bizden bir şey istemeye hakları olmadığını, en azından onların bizden özür dilemesi gerektiğini hukuksal belgelere dayanarak yazmış. Onun kitabından da öğrendiğimize göre Ermeniler, Osmanlı Devleti'nin güçten düşmesi ve dış güçlerin desteğiyle 1878 yılından sonra çeteler, par-

---
[*] 10.05.2008.

tiler kurarak ülkede çeşitli isyanlar çıkarmış, katiller yapmışlar. Yalnız 1895 yılında 27 olay çıkarmışlar. Bu olaylara katılmayan Ermenileri bile öldürmüş, işyerlerini evlerini yakmışlar (s.47) yapanların cezalanmalarını dış güçler araya girerek derhal önlemiş ve isyancı başını İngilizler kaçırmış. İsyanda yaktıkları Ermeni köylerini Amerika onartmış, ama Türk köylerine bir şey yapmamışlar. 1896'da Van'da Osmanlı Bankası'nı bombalıyorlar. Onu yapanları da İngilizlerin zorlamasıyla Fransız gemisine koyarak Marsilya'ya kaçırıyorlar.

Osmanlı Devleti 1915 yılına kadar Ermeni isyanlarıyla uğraşıyor. 1915'ten itibaren de onlar, Osmanlı Devleti'yle savaşanların tarafına geçerek yüzyıllardan beri birlikte yaşadığı ve kendilerine büyük dostluk gösteren Türk halkını öldürdüler. Ermeniler tarafından camilere doldurulup yakılan (Ardahan'da gördüm), Rus, İngiliz, Fransız askerlerinin kıyafetine girip binlerce Türk'ü öldüren Ermeniler, bizden özür dilemeli. Aslında bizim onları suçlamamız gerek. Bana bir yabancı gazeteci ünlü yazarımız Orhan Pamuk'un ağzını kullanarak "Siz bir milyon Ermeni öldürmüşsünüz" dedi. Ben de ona "Bin yıldır onlarla beraber oturduk. Eğer o zaman onları öldürmeye kalksaydık bugüne bir tek Ermeni kalmazdı" dedim. "Sizin ülkenizde yaşayan insanlardan bir gurup, ülkenize saldıran düşmanlarla birleşip sizleri öldürmeye kalksa siz ne yapardınız?" deyince adam yanıt veremedi, "Hım..." demekle yetindi. Devletin uyruğu olup devlete başkaldıranlar idam edilir. Onların bu vahşetine, hıyanetine karşı yine de hepsini hudut harici etmemiş, sürmemiş devlet. Yurtiçinde haklarını koruyarak yer değiştirmiş o kadar.

Sayın Avukat Gülseren Aytaş'ın büyük bir titizlikle resmi kaynakları göstererek yazdığı *Genelkurmay Başkanlığı, Arşiv Belgeleriyle Ermeni Faaliyetleri 1914-18* isimli kitabının 55. sayfasından aldığımız bir yazıyı buraya geçiriyorum: "Harp bölgelerine yakın yerlerde oturan Ermenilerin bir kısmının Osmanlı hududunu (sınırını) düşman devletlere karşı korumaya çalışan ordumuzun harekâtını zorlaştırdıkları, erzak ve askeri malzeme nakliyatını güçleştirdikleri, düşmanla işbirliği yapmak ve birlikte hareket etmek emelinde oldukları, yurtiçinde askeri kuvvetlere ve masum halka silahlı saldırı düzenledikleri, düşmanın deniz kuvvetlerine malzeme sağladıkları, müstahkem mevkileri düşmana göstermeye cesaret ettikleri tespit edilmiştir. Bunun için isyancı unsurların hareket sahasından uzaklaştırılmaları gerekmektedir. (...) Köy ve kasabalarında oturan Ermeniler güney vilayetlere acil olarak sevk edilecektir.

Göçmenlerin taşınmaları ve yeni yerlerine yerleşmeleri sırasında güvenlik ve iaşelerinin sağlanacağı, emlak ve arazi dağıtılacağı, kalan menkul mallarının ve taşınmaz mal ise değerlerinin kendilerine verileceği" yazılmaktadır. Bu ne büyük adalettir. Batıda olsalardı hepsi kılıçtan geçirilirdi. Veya hudut harici edilir Ermenistan'a sürülürlerdi.

İşin ilginç yanı yerleştirildikleri güneyde de boş durmamışlar bu kez Kurtuluş savaşında da Fransız ve İngilizlerle bir olup dünya kadar insanımızı öldürdüler. Türk ordusu kazanmaya başlayınca kendilerine bir şey yapılacak korkusuyla 4.000 Ermeni Suriye'de Lazkiye Limanı'na kaçıp onlara yardım edeceklerine söz veren Fransız gemilerini bekliyorlar. 6 ay hiçbir Fransız gemisi onları almıyor, hastalananlar ölenler oluyor. 6 ay sonra ancak bir Mısır gemisi onları alıp Mısır'a götürüyor. Geride kalanlara Türkiye Cumhuriyeti herhangi bir ceza vermeden bulundukları yerde yaşamalarını sağladı. Bu ne büyük adalettir. Başbakanlık arşivindeki belgelere göre Ermeniler tarafından 1910-1922 arasında 525.955 Türk öldürülmüş. Kendilerinin yüzyıllardan beri oturdukları topraklarda komşularını vahşice öldüren, yerini yurdunu yakan bir halktan özür dileyenler ancak satılmışlardır. Asıl Ermenilerin bize binlerce defa özür dilemesi gerek.

"Erdoğan istifa" sözleri meydanları doldurmaya başladı.
Nasıl oldu? Birdenbire halktaki bu büyük tepki nasıl oldu?
Demek ki insanımız Başbakan'a çok kızıyormuş.
Son sözleri bardağı taşırdı. Başbakan,
bu ülkeyi ülke yapıp verenlere "iki ayyaş" dedi,
utanmadan sıkılmadan. Bir insan,
bir Başbakan nasıl bu kadar hayâsız olabilir?

~ Bir Başbakan Nasıl Bu Kadar Hayâsız Olabilir? ~

Gezi Direnişi Yazısı[*]

Birdenbire ortalık ayaklandı. Taksim Meydanı'ndaki Gezi ağaçlarının kesilmesine ve orada bina yapılmasına çevreciler karşı durdular. Derken karşı duranlar çoğalmaya başladı, Taksim derken bütün İstanbul, arkadan bütün Türkiye ayağa kalktı. Bu nasıl oldu anlayamadım. Başbakan "çapulcular" demeye başladı, halbuki çapulculukla hiç ilgisi yok. İnsanlarımızın, hepsi genç ve terbiyeli çocuklar. Başbakan onlardan terbiye öğrenmeli! Kız erkek yan yana, diz dize oturup kız erkek arkadaşlığının nasıl olduğunu sergilediler, hiçbirinin aklına yobazlar gibi cinsellik gelmedi işin hoş tarafı, bu gençlere anneleri babalarının da katılması. Polisler derhal sahaya çıktı, halkın üzerine zehirli gaz, su atmaya başladı. Onlar attıkça halk daha kalabalıklaştı. Bunların çoğu da gençler,

---

[*] 19.06.2013.

gözleri ak, kara görmüyor. Atanların üzerine gidiyorlar. "Erdoğan istifa" sözleri meydanları doldurmaya başladı. Nasıl oldu? Birdenbire halktaki bu büyük tepki nasıl oldu? Demek ki insanımız Başbakan'a çok kızıyormuş. Son sözleri bardağı taşırdı. Başbakan, bu ülkeyi ülke yapıp verenlere "iki ayyaş" dedi, utanmadan sıkılmadan. Bir insan, bir Başbakan nasıl bu kadar hayâsız olabilir? Bir de dinden, imandan söz ediyor utanmadan. Bana kalırsa iftira ettiği bu tarihin en önemli şahıslarının ruhu, bu terbiye dışı sözü duydu ve halkımızı ayaklandırdı! Zaten halk dolmuş vaziyetteydi. Nasıl dolmasındı? Her gün zorlukla kurulan Cumhuriyet'i yıkmak için yöntemler ortaya atılıyor. Eğitim kökünden bozuldu. Hukuk ortadan kalktı. Binlerce insanımızı öldürten terörist başını dost olarak anlatmaya kalktı, onunla barış antlaşmaları yaptığını ilan etti. Halkın bunu kabul etmesi için akiller grubunu ortaya çıkardı. Halkımızın çoğunluğu bu martavallara inanmadı.

Eğer Başbakan kendisinin sandığı kadar akıllı olsaydı gençlerin, tamamıyla hepimizin malı olan bir çevreyi korumak için başlattıkları ve birden bütün halkın katıldığı eylemi, kendi yararına çevirebilir, kendini bütün millete bir anda baş tacı yaptırabilirdi. Tek yapacağı şey, gençlerin yanına gidip onların sözlerine kulak vermek, onların dediğini kabul etmekti. O uyuşma adamı değil. O bu memleketin, bu halkın hakiki Başbakan'ı olmadığını, ortaya koydu, öyle olsaydı bu ülkenin bütün halkını bir arada tutmak kaynaştırmak için elinden geleni yapardı. Oysaki o halkını benimkiler ve ötekiler diye çekinmeden ikiye ayırıverdi ve bütün halkın bir anda başının tacı olabilecek iken büyük bir hırsın pençesinden kurtulamayarak en büyük fırsatı kaçırdı.

Şimdi bundan yararlanma sırası diğer partilerde. Onların siyasi akılları varsa sen ben demeden hemen birleşecekler ve kurulan Milli Merkez Anayasa Forumu'nu da aralarına alarak AKP'ye karşı büyük bir güç oluşturacaklardır. O zaman da eylem yapan bütün güçler de onlara oy verecektir. Eğer böyle bir birleşme yapılmazsa yine AKP başa geçecektir ki, bundan sonra onu tutma imkânı olmayacak, Atatürk Cumhuriyeti'ne karşı bütün planlarını yerleştirmeyi başaracaktır. Bunun vebali de ne yazık ki bu partilerin üzerine olacaktır.

Yüz yaşıma yaklaştığım şu günlerde bütün isteğim, CHP ve MHP'nin akıllarını başlarına alarak kendi egolarını değil, ülkemizin, halkımızın yararını düşündüklerini, bunun için ellerinden geleni yaptıklarını görmektir. Buna bütün kalbimle inanmak istiyorum.

Bir güneş gibi parlayan Semiha Berksoy Opera Vakfı'nı, parlayan diğer sanat etkinliklerini onurlandırdıklarından dolayı candan kutluyor, tüm sanatçılarımız adına kendilerine teşekkür ediyorum.

~ Berksoy Ödülü* ~

Ülkemizin gittikçe karanlıklara sürüklendiği, sanatın, aydınların, baltalandığı, özgür düşüncenin yok edilmeye çalışıldığı, Cumhuriyet'imizi, devrimlerimizi korumaya çalışan, genç, yaşlı, kadın, erkek her vatandaşın, acımasızca ya hapislerde çürütüldüğü ya da gazlanıp, coplanıp öldürüldüğü, yaralandığı bu vahim süreçte, bir güneş gibi parlayan Semiha Berksoy Opera Vakfı'nı, parlayan diğer sanat etkinliklerini onurlandırdıklarından dolayı candan kutluyor, tüm sanatçılarımız adına kendilerine teşekkür ediyorum.

Berksoy ailesinin, başta ilk opera sanatçısı ve aynı zamanda muhteşem bir ressam olan merhum Semiha Hanım, daha sonra bir tiyatro sanatçısı ve hocası olan Zeliha Hanım'la, Cumhuriyet'le Türkiye'de başlatılan sanat kültürüne çok büyük katkıları olmuştur. Bu kültürün devamlılığını sağlayan Semiha Berksoy Vakfı ve yöneticisi Berksoy'ların oğlu Aktuna'yı başarılı çalışmalarından dolayı ayrıca kutlar ve ona, yeni bir atılımı olan Bakırköy Belediyesi Başkanlık adaylığında da başarılarının devamını dilerim. Parlayan güneşlerin çoğalması dileğiyle...

---

* 16.09.2013.

Ayrıca üç yıl gibi kısa bir sürede büyük aşamalar sağlayarak bu ödülü almayı hak eden İzmir Bale ve Opera Kurumu ve sanatçılarını da candan kutlarım.

ODTÜ'de kızlar erkekler fuhuş yapıyormuş şeklindeki iftirayı duyunca aklıma 1926 yılında yaşım büyütülerek girdiğim Bursa Öğretmen Okulu'na ayak bastığım ilk günlerde, halk arasında bu okulda tuvaletlerin kızlar tarafından düşürülen çocuklarla dolu olduğu lafları geldi.

~ ODTÜ'ye Atılan İftira* ~

Tarih tekerrürden ibarettir diye bir söz vardır. Ne kadar doğru! Her zaman toplumlar içinde iyi düşünceli, kötü düşünceli insanlar vardır. Onlar her devirde kendilerini göstermekte gecikmiyorlar. Şu arada ODTÜ'de sözde kızlar erkekler fuhuş yapıyormuş şeklindeki çirkef iftirayı duyunca aklıma 1926 yılında yaşım büyütülerek girdiğim Bursa Öğretmen Okulu'na ayak bastığım ilk günlerde, halk arasında bu okulda tuvaletlerin kızlar tarafından düşürülen çocuklarla dolu olduğu lafları geldi. O zaman bizim gibilerin pek böyle şeylerden daha haberi yoktu. Üstelik kız erkek bir arada okumuyorduk da. Daha sonra tuvalette çocuk düşürmenin ne demek olduğunu, bunun imkânsız olduğunu öğrenince çok şaşırdım. Öyle bir durumda kadınlar kan kaybından ölürmüş. O okulda okuduğum beş yıl içinde böyle bir olayı ne gördüm ne duydum. Bu tamamıyla kızların okumasına karşı olan yobazların kafalarından çıkan iftira ve çamur atma kampanyasıydı.

---

*   12.09.2013.

Daha sonra öğretmen oldum. O aralar kadın erkek eşitliği ortaya çıktı. Okullarda kız erkek birlikte okumaya başladı. O yobaz kafalılar ortadan çekilmiş, artık sesleri çıkmaz olmuştu. Kadın erkek el ele, kol kola yürüdü, yan yana oturdu, ama tuvaletlerde çocuk düşürülmedi.

1936 yılında Dil, Tarih ve Coğrafya Fakültesi'ne girdim, kız erkek birlikte okuduk. Yatılı olanlar, kız erkek aynı merdivenleri kullandı. Yobazlardan bir yorum yoktu! Aradan bunca yıl geçti. O zamanki yobazlar eğitimli değildiler. Şimdi eğitimli yobazlar ortada! Kadının elini sıkmayan valiler, kaymakamlar, kız erkek aynı merdivenin kullanılmasından rahatsız olan idareciler... Kadın erkek, karı koca bile olsa yan yana oturanlardan, kadınların eteklerinin boyundan rahatsız olanlar, saçlarını görmekten tahrik olanlar... Hele mayolu kadın reklamlarından bile etkilenen baylara ne demeli?

Yüz yaşın eşiğindeyim. Bugüne kadar çalıştım, pek çok toplantılara gittim. Evimize kocamın, benim arkadaşlarımız geldi. Aklımıza hiç kadın erkek ayrılığı gelmedi. Dost, arkadaş, kardeştik birbirimizle. Bugün din kisvesi altında erkekler kadınları bir seks kölesi halinde görmeye ve yapmaya başladılar. Ne yazık ki, devleti idare edenler bu utanç verici ilkelliği teşvik etmektedirler. Allah, normal insanlarımızı onların şerrinden korusun!

Bir iskelet yapmışlar, kafası bacaklarının arasında, bazı erkeklerin akıllarının yalnız orada olduğunu göstermişler. İşte ülkemizin geldiği hazin durum!

*IMF'den alınan borçlardan, dost, ahbap yoluyla kredi,
yardım, destek alarak işlerini büyütüp zengin olanlar,
sıra sıra villa yaptıranlar, para üstüne para,
altın üstüne altın koyanlar, özellikle ülkeyi idare edenler
kazandıkları altınları, Başbakan'ın düğünündeki cömertliği
göstererek koysunlar sandığa. Onlar koyunca halkımız da elinden
geleni verir. Böylece borçlarımızı,
bir daha borçlanmamak üzere ödeyelim.*

~ IMF ile Düğün* ~

Birkaç gün önce *Hürriyet* gazetesinde, bir AKP'li Belediye Başkanının çocuğunun sünnet düğünü ve o düğünde toplanıp kutularla taşınan altınlar yazıyordu. Bunu okuyunca bizim Başbakan'ın çocuğunun düğününde gelen altınları hatırladım. Alman Başbakanına aldığı maaşın yetmediğinden yakınan Başbakan'a bu altınlar büyük bir sermaye geliştirmiş olmalı ki, şimdi kazancı milyarlarla ölçülmeye başladı. Bunları düşünürken aklıma bir fikir geldi: IMF'yi Türkiye, dolayısıyla şimdiki hükümetle evlendirelim. Bu düğünde büyük bir sandık konulsun IMF için. Anahtarı da onun adamıyla bizden yansız ve namusu kanıtlanmış birine verilsin. IMF'ye bütün Türkiye insanı borçlu. Bu borçlar için hepimiz eşit faiz ödüyoruz. Bu borçlardan kurtulmamız için gelin olan IMF'ye herkes elinden gelen altını, takıyı versin. IMF'den alınan borçlardan, dost, ahbap yoluyla kredi, yardım, destek alarak

---

* 25.07.2006.

işlerini büyütüp zengin olanlar, sıra sıra villa yaptıranlar, para üstüne para, altın üstüne altın koyanlar, özellikle ülkeyi idare edenler kazandıkları altınları, Başbakanın düğünündeki cömertliği göstererek koysunlar sandığa. Onlar koyunca halkımız da elinden geleni verir. Böylece borçlarımızı, bir daha borçlanmamak üzere ödeyelim. Borcumuz olmadığı için hiçbir millet bize şunu yap, bunu yapma, diye emir vermez, kafa tutamaz. Borç için verdiğimiz faizler bize kalır. O faizlerle altın, bor, petrol gibi madenlerimizi istediğimiz gibi çıkarır, tarımımızı istediğimiz şekilde yönetiriz. Hem işsizlerimiz iş bulur hem yoksulluktan kurtuluruz. Yoksulluk bitince de bir taraftan insanlarımız Allah'tan yardım ummaktan, ona sığınmaktan, onu rahatsız etmekten vazgeçer. Diğer taraftan dışarıdan para alıp memleketimizi manen ve maddeten yok etmeye çalışanlar da ortadan kalkmak zorunda kalır. Ne dersiniz, olur mu? Evet, Kuvayı Milliye ruhu canlanırsa olur. Bana kalırsa halkımızın elindeki altınlarla birkaç IMF borcu ödeyebiliriz. Ama sonunda bir karış toprağa gireceğini, fakir fukaranın hakkını düşünmeden, Allah'ın adına sığınıp, mal üzerine mal, altın üzerine altın koyup ülkeyi soyanlarda, kilolarca altınları varken borcunu ödemeyip haysiyetini hapis cezasına yeğleyenlerde bu ruhu nasıl bulacağız? Başta onlar ya Allah diye sandığa atmaya başlamalı ki arkadan halk da onlara katılsın.

Biz kafamızı, kendi kaynaklarımızı nasıl kullanalım diye yoracağımız yerde, hazıra konmayı yeğliyoruz. Bir gün aklımız başımıza gelecek ama ne zaman?

~ Nükleer Enerji Santrali* ~

"Senin nükleer enerjiyle ne işin var, nereden anlarsın onu?" diyebilirsiniz. Haklısınız ama her eline geçeni okumaya çalışan bir kimse, her konuya da ilgi duymaya kalkarsa böyle oluyor işte. Senelerden beri ülkemizde nükleer santral yaptırmak isteyenlerin nihayet başardıklarını duyunca birden içim cızladı ve sızladı. Çünkü Amerika'da okuduğum, nükleer atıkların korunması için neler yapıldığı, nelere dikkat edildiği hakkındaki makaleyi hatırladım. Onları bizim pek yapabileceğimize aklım ermedi. Kimyasal atıkları bile doğru dürüst saklayamayan biz, onu nasıl becereceğiz dedim. Hiç su geçmeyen, fay hattına yakın olmayan bir dağın içinde 160 kilometre uzunluğunda bir tünel yapmışlardı Amerikalılar. Bu, o zamana kadar toplanan atıkları ancak alabilecekmiş. Tünel de havadan bir tünel değilmiş, içi ayrıca korumalıymış. Biz senelerden beri bir Bolu tünelini beceremedik. Onu nasıl becerebiliriz, bilmem?... Sonra santralın da ona göre yapılması gerek. Deprem ülkesinde olduğumuz halde yaptığımız kâğıt gibi evlere benzerse, o zaman tam kitle imhası olur. Hani bunu yaptıranlar, biz bugün o doymaz midelerimizi ve gözümüzü doyuralım da Enver Paşa'nın Kafkas Savaşı'nda ölenler için dediği gibi "Nasıl

---

* 28.11.2007.

olsa öleceklerdi" deyiveririz mi demeyi düşünüyorlar acaba? Ama o ölenlerin içinde kendileri, çocukları, yakınları da olacak. Kaç bilim insanımız bizim için bu santrallerin hiç de uygun olmadığını çeşitli örneklerle gösterdiler. Bunda ısrar edenler ondan gelir sağlayacak olanlar. Ülkenin çıkarını düşünenler değil herhalde. Bir de ucuz olsun, diye modası geçmiş veya geçmekte olan bir santral ise, ki öyle olacağa benziyor, daha çok yandık. Eğer nükleer enerji bu kadar yararlı ise neden Amerika ve Avrupa enerji sıkıntısından yakınıyor. Bol bol yapsınlar onu. Ülkemizde öyle çok enerji kaynağı var ki, onları kullanabilsek yeter. Bol güneşimiz, pek çok termal sularımız, devamlı esen rüzgârlarımız, üç tarafımızı çeviren bol dalgalı ve akıntılı denizlerimiz var. Bir mühendisimiz rüzgârdan şimdiye kadar elde edilen enerjinin iki katını elde ettiğini teknik üniversitede ve bulunduğu yerde kanıtladığı halde olamaz böyle şey diye patent vermediler. Ona karşılık Almanya patent vererek buluşunu alıverdi.

Biz kafamızı, kendi kaynaklarımızı nasıl kullanalım diye yoracağımız yerde, hazıra konmayı yeğliyoruz. Bir gün aklımız başımıza gelecek ama ne zaman?

~ Günaydın* ~

Cumhurbaşkanımız İtalya'ya gitmiş. Roma'da gökdelenlerin AVM'lerin olmadığını görünce şaşırmış ve şehrin tarihi dokusunu bozmamak için böyle yaptıklarını anlayıvermiş! Ben bunu okuyunca hemen GÜNAYDIN! dedim. Nasıl söylemeyeyim. Büyük Atatürk bunu 100 yıl önce biliyordu. O yüzden Anadolu'da, batıdan, doğuya fabrikalar çeşitli kurumlar açarken, İstanbul'a el değdirmemişti. O, İstanbul'un sarayları, köşkleri, yalıları, yeşil bahçeleri, etrafını çeviren ormanları, göklere uzanan minareleri ile birer mimarlık abidesi olan camilerinin tarihten günümüze gelen sanat eserleri olarak korunmasını istemiş, onun için Avrupa'dan bir şehir mimarı getirterek İstanbul'un tarihsel dokusunu bozmayacak şekilde bazı düzenlemeler yapmasını istemişti. Araya savaş girdi. Savaştan sonra, yeni başa geçen, sanattan, tarihten anlamayan kültürsüz hükümet idarecileri, ilk iş olarak İstanbul'u ele aldı. Mimar falan tanımadan imara, yollar açtırmaya başladılar. Bunları yapacak işçiler Anadolu'dan akın etti. Barınacak yerleri olmayan bu zavallı insanlar, ülkede yepyeni bir yapılaşma türü, GECEKONDU sistemini! ortaya çıkardılar. Şehrin etrafında ve şehrin içinde buldukları boşluklara gecekondu kondurdular. Böylece bu güze-

---

* 5.2.2014.

lim İstanbul gecekondularla çevrildi. Diğer taraftan gelişigüzel yapılaşma başladı. Şehir mimarını falan dinleyen kalmadı. Böylece Ortadoğu'nun bir sanat yuvası olacak, Boğaz'ın incisi İstanbul, çarpık yapılaşmalarla gün geçtikçe değerini yitirdi. Ama bu son on yılda, İstanbul'un en önemli simgesi olan ve ilk bakışta göze çarpan, zarif, ruhanilik veren minareleri, şahane yapılarıyla camiler, her tarafta pıtrak gibi çıkan gökdelenler, AVM'lerle kapandı. Adeta yok oldular. Parklar, ormanlar yapıya açıldı. Bu ne büyük kıyım, bu ne büyük duyarsızlık! Benim ve benim gibilerin içi yanıyor, kan ağlıyor.

Ülkemizin başı ancak Atatürk'ten 100 yıl sonra uyanabildi, o yüzden GÜNAYDIN!!! diyorum.

DİZİN

Abdullahoğlu, Kemal, 63, 71.
Adji, Murat, 227, 234.
Akar, Gülferiz, 258.
Akar, Mesut, 258.
Akça, Hatice, 180.
Aksoy, Mehmet, 143.
Aksu, Tahsin, 229.
Aktuna, Berksoy, 275.
Al, Dilek, 259.
Al, İlker, 259.
Alinei, Mario, 100.
Alp, Sedat, 56.
Altaylı, Fatih, 81, 179, 229.
Altınok, Süleyman, 257.
Anett, David, 113, 114.
Ardıç, Engin, 77.
Aslanapa, Oktay, 117.
Atabek, Adnan, 227.
Atatürk, Mustafa Kemal, 23, 24, 29, 33-35, 37, 40, 43, 46, 48, 53, 68, 70, 72, 74, 77-80, 97-102, 104, 107, 109, 110, 113-115, 120-122, 131, 132, 137-141, 154, 156, 164, 167, 168, 171, 173, 175, 179-181, 184, 190, 193-195, 199-201, 204-208, 210-213, 217, 219-221, 227, 237, 239, 240, 242, 245, 250, 252, 253, 264-266, 283, 284.
Ateş, Hakan, 95.
Aya, Şükrü Server, 114.
Ayda, Adile, 262.
Ayata, Sencer, 169.
Aytaş, Gülseren, 115, 267.
Aydın, Nazif, 59.

Bahçeli, Devlet, 53.
Bardakçı, Murat, 69, 70, 229.
Batum, Süheyl, 61.
Baykal, Deniz, 33, 35, 37, 39, 63, 64.
Berkan, Fatih, 241.
Berker, Feyyaz, 97.
Berksoy, Semiha, 275.
Berktay, Halil, 113, 114, 229.
Bezirgan, Nuray, 179.
Bilge Kağan, 230.
Birgi, Muharrem Nuri, 113, 114.
Boysan, Aydın, 247.
Büyükanıt, Yaşar, 200.

Cengiz, Çağdaş, 125.
Coşkun, Ahmet Hakan, 73, 74.
Cevizoğlu, 72.

Çetin, Semih, 249.
Çetintaş, Cem, 258.
Çığ, Kemal, 73, 117, 198, 246.
Çolakoğlu, M. Nuri, 79.

Dağıdır, Can Hakan, 241.
Darga, Muhibbe, 56.
Davletov, Timur, 93.
Dinçer, Ömer, 65.
Doğan, Lütfü, 198.
Dönmez, Asuman, 59.
Duman, Ertuğrul, 240, 241.

Enver Paşa, 281.
Er, Rahmi, 103.
Erbakan, Necmettin, 216.
Ercan Ahmet, 74, 237, 238.
Erdem, Ali, 241.
Mecit, Özlem, 241.
Erdem, Osman Gökber, 241,
Erdem, Zeynep Ece, 241.
Erdoğan, Emine, 193-195.
Erdoğan, Recep Tayyip, 19-21, 23, 25, 34, 138, 139, 145, 146, 163, 173, 175, 190, 193, 194, 197, 203, 255, 256, 269, 271, 272, 279, 280.
Eren, Zafer, 91, 137.
Esmailinia, Arif Esmail, 105, 235.

Gökçen, Sabiha, 78.
Gül, Abdullah, 163, 175, 184-186, 190, 283.
Gül, Hayrünnisa, 186.
Güldiken, Gonca, 241.
Gülek, İlhan, 119, 240.
Gülmez, Oylum, 60.
Güngör, Emir, 241.
Gürgün, Abdullah, 235
Günay, Ertuğrul, 59.
Gürtuna, Ali, 177,

Gürtuna, Reyhan, 177.

Haberal, Mehmet, 250.
Halman, Talat, 55.
Hitler, Adolf, 79, 220.
Höhn, Roland, 266.
Hz. Fatıma, 197.
Hz. İsa, 226, 234.
Hz. Muhammed, 77, 80, 174, 181, 197, 198, 212.
Hürrem Sultan, 255.

İnan, Onur, 241.
İnönü, İsmet, 25, 97.

İtil, Turan M., 28, 30, 43, 48, 50, 52, 122, 127, 150, 151, 158, 160, 246, 247.

Jale, Afife, 141.

Kaddafi, Muammer, 146.
Kanadoğlu, Sabih, 72, 167, 168.
Kanık, Orhan Veli, 263.
Kanuni Sultan Süleyman, 255.
Karaca, Hayrettin, 126, 149, 153, 154, 247, 263, 265.
Kaya, Murat, 87.
Keleş, Birgen, 63.
Kestel, Serhat, 119.
Kheyavi, Roshan, 105.
Kılıçbay, Mehmet Ali, 230.
Kılıçdaroğlu, Kemal, 41, 43, 45, 63, 64, 252.
Kırar, Kemal, 257
Kırca, Levent, 81, 121.
Kızılyay, Hatice, 59, 184.
Konuk, Taciser, 61.
Kurşun, Zekeriya, 97.
Kuseybat, Alpcan, 241.

Landsberger, Benno, 104.

Macit, Özlem, 241.
Marley, Patricia F. E., 208.
Memiş, İdil, 241.
Mert, Yüksel, 180, 212, 213.
Meydan, Sinan, 102.
Minkari, Ayseli, 245, 246.
Minkari, Esat, 246.
Minkari, Güner, 246.
Minkari, Selçuk, 246.
Minkari, Tarık, 245-247.
Mirşan, Kâzım, 85, 86.
Mussolini, Benito, 79.

Nadi, Yunus, 149, 150, 207.
Nesin, Aziz, 245, 247.
Nur, Sümeyye, 241.

Obama, Barack, 145-147, 194.
Okur, Ekmel Ali, 180, 212, 213.
Okur, İbrahim, 231.

Öz, Tahsin, 197.
Özal, Turgut, 113, 114.
Özel, Necdet, 27, 29, 32.
Özkan, Tunca, 72.
Öztürk, Yaşar Nuri, 72.

Pargalı İbrahim, 256.
Parın, Ceren, 241.
Patrona Halil, 61.
Perek, Sadık, 246.
Perinçek, Doğu, 47, 49, 51, 127.
Perinçek, Mehmet, 109.
Perinçek, Şule, 107, 109.
Pınar, Ceren, 241.

Refiğ, Halit, 265.
Rıza, Enver Tahir, 89.
Rubin, Barry, 193.

Sarıgül, Mustafa, 63, 71.
Sarısoy, Alara, 241.
Sav, Önder, 61.
Say, Fazıl, 67, 69.
Seren, Vedat, 259.
Seren, Zuhal, 259.
Sezer, Ahmet Necdet, 72, 167, 168.
Sharp, Gene, 154.
Stalin, Jozeph, 79.
Sinanoğlu, Oktay, 74, 75.
Soysal, Mümtaz, 72.

Şamar, Sima, 154.
Şen, Adile, 241.
Şener, Abdüllatif, 168.

Tapan, Elçin, 133.
Tapan, Erel, 133.
Tariş, Asım, 99.
Taşağıl, Ahmet, 230.
Taşdelen, Hürol, 85.
Toker, Özden, 131.
Tuzcu, Filiz, 101.

Ulfaz, Serpil Öcalan, 177.
Umar, Leyla, 83.
Unakıtan, Kemal, 263.
Usame bin Ladin, 146.
Uskan, Arda, 150.

Ünlütürk, Cemil, 145.

Venizelos, Elefterios, 78.

Yamak, Mehmet, 177.
Yavuz, Anıl, 241.
Yavuz, Begüm, 37, 38.